滙古菁華

（第二册）

电子科技大学出版社

第二册目録

滙古菁華

五

滙古菁華卷七

左傳

隱公

周鄭交質 二年

鄭武公莊公為平王卿士王貳於虢鄭伯怨王王曰無之故周鄭交質王子狐為質於鄭鄭公子忽為質於周王崩周人將畀虢公政鄭祭足帥師取溫之麥又取成周之禾周鄭交惡君子曰信不由中質無益也明恕而行要之以禮雖無有質誰能

間之苟有明信澗谿沼沚之毛蘋蘩薀藻之菜筐
筥錡釜之器潢汙行潦之水可薦於鬼神可羞於
王公而況君子結二國之信行之以禮又焉用質
風有采蘩采蘋雅有行葦泂酌昭忠信也

石碏諫寵州吁 三年

公子州吁嬖人之子也有寵而好兵公弗禁石碏
音七諫曰臣聞愛子教之以義方弗納於邪驕奢淫
泆所自邪也四者之來寵祿過也將立州吁乃定
之矣若猶未也階之爲禍夫寵而不驕驕而能降

降而不憾憾而能眕音軫者鮮矣且夫賤妨貴少陵長遠間親新間舊小加大淫破義所謂六逆也君義臣行父慈子孝兄愛弟敬所謂六順也去順效逆所以速禍也君人者將禍是務去而速之無乃不可乎弗聽州吁弑桓公而立

臧僖伯諫觀魚 五年

公將如棠觀魚者臧僖伯諫曰凡物不足以講大事其材不足以備器用則君不舉焉君將納民於軌物者也故講事以度軌量謂之軌取材以章物

采謂之物不軌不物謂之亂政亂政亟行所以敗
也故春蒐夏苗秋獮冬狩皆於農隙以講事也三
年而治兵入而振旅歸而飲至以數軍實昭文章
明貴賤辨等列順少長習威儀也鳥獸之肉不登
於俎皮革齒牙骨角毛羽不登於器則君不射古
之制也若夫山林川澤之實器用之資皁隸之事
官司之守非君所及也公曰吾將略地焉遂往陳
魚而觀之僖伯稱疾不從僖伯卒公曰叔父有憾
於寡人寡人不敢忘葬之加一等

衆仲論諡族 八年

無駭卒羽父請諡與族公問族於衆仲衆仲對曰天子建德因生以賜姓胙之土而命之氏諸侯以字爲諡因以爲族官有世功則有官族邑亦如之公命以字爲展氏

鄭伯復許 十一年

鄭伯使許大夫百里奉許叔以居許東偏曰天禍許國鬼神實不逞于許君而假手于我寡人寡人唯是一二父兄不能共音工億其敢以許自爲功乎

寡人有弟不能和協而使餬音胡其口於四方其況能久有許乎吾子其奉許叔以撫柔此民也吾將使獲也佐吾子若寡人得沒于地天其以禮悔禍于許無寧茲許公復奉其社稷唯我鄭國之有請謁焉如舊昏媾其能降以相從也無滋他族實偪處此以與我鄭國爭此土也吾子孫其覆亡之不暇而況能禋祀許乎寡人之使吾子處此不唯許國之爲去聲亦聊以固吾圉也乃使公孫獲處許西偏曰凡而器用財賄無寘於許我死乃亟去之吾

先君新邑於此王室而既卑矣周之子孫日失其序夫許太岳之胤也天而既厭周德矣吾其能與許爭乎君子謂鄭莊公於是乎有禮禮經國家定社稷序民人利後嗣者也許無刑而伐之服而舍之度德而處之量力而行之相時而動無累後人可謂知禮矣

桓公

臧哀伯諫納宋鼎 二年

取郜大鼎于宋納于太廟臧哀伯諫曰君人者將

昭德塞違以臨照百官猶懼或失之故昭令德以示子孫是以清廟茅屋大路越音活席大羹不致粢食音嗣不鑿昭其儉也袞冕黻珽帶裳幅舄衡紞音膽紘綖昭其度也藻率鞞音丙鞛音崩鞶厲游纓昭其數也火龍黼黻昭其文也五色比象昭其物也鍚音揚鸞和鈴昭其聲也三辰旂旗昭其明也夫德儉而有度登降有數文物以紀之聲明以發之以臨照百官百官於是乎戒懼而不敢易紀律今滅德立違而寘其賂器於太廟以明示百官百官象之其

又何誅焉國家之敗由官邪也官之失德寵賂章
也郜鼎在廟章孰甚焉武王克商遷九鼎于雒邑
義士猶或非之而況將昭違亂之賂器於太廟其
若之何公不聽周內史聞之曰臧孫達其有後於
魯乎君違不忘諫之以德

季梁勸修政 六年

楚武王侵隨使薳音委章求成焉軍於瑕以待之隨
人使少師董成王毀軍而納少師少師歸請追楚
師隨侯將許之季梁止之曰天方授楚楚之羸其

誘我也君何急焉臣聞小之能敵大也小道大淫
所謂道忠於民而信於神也上思利民忠也祝史
正辭信也今民餒而君逞欲祝史矯舉以祭臣不
知其可也公曰吾牲牷肥腯(音突)粢盛豐備何則不
信對曰夫民神之主也是以聖王先成民而後致
力於神故奉牲以告曰慱碩肥腯謂民力之普存
也謂其畜之碩大蕃滋也謂其不疾瘯(音蔟)蠡也謂
其備腯咸有也奉盛以告曰潔粢豐盛謂其三時
不害而民和年豐也奉酒醴以告曰嘉栗旨酒謂

其上下皆有嘉德而無違心也所謂馨香無讒慝也故務其三時修其五教親其九族以致其禋祀於是乎民和而神降之福故動則有成今民各有心而鬼神乏主君雖獨豐其何福之有君姑修政而親兄弟之國庶免於難隨侯懼而修政楚不敢伐

莊公

曹劌謀敵齊 十年

齊師伐我公將戰曹劌音貴請見其鄉人曰肉食者

謀之又何間焉劌曰肉食者鄙未能遠謀乃入見問何以戰公曰衣食所安弗敢專也必以分人對曰小惠未徧民弗從也公曰犧牲玉帛弗敢加也必以信對曰小信未孚神弗福也公曰小大之獄雖不能察必以情對曰忠之屬也可以一戰戰則請從公與之乘戰于長勺公將鼓之劌曰未可齊人三鼓劌曰可矣齊師敗績公將馳之劌曰未可下視其轍登軾而望之曰可矣遂逐齊師旣克公問其故對曰夫戰勇氣也一鼓作氣再而衰三而

竭彼竭我盈故克之夫大國難測也懼有伏焉吾視其轍亂望其旗靡故逐之

懿氏卜妻敬仲 二十二年

陳公子完奔齊初懿氏卜妻敬仲其妻占之曰吉是謂鳳凰于飛和鳴鏘鏘有嬀之後將育于姜五世其昌並于正卿八世之後莫之與京

厲公筮敬仲 二十二年

厲公生敬仲其少也周史有以周易見陳侯者陳侯使筮之遇觀之否曰是謂觀國之光利用賓于

王此其代陳有國乎不在此其在異國非此身在其子孫光遠而自他有耀者也坤土也巽風也乾天也風爲天於土上山也有山之材而照之以天光於是乎居土上故曰觀國之光利用賓於王庭實旅百奉之以玉帛天地之美具焉故曰利用賓于王猶有觀焉故曰其在後乎風行而著於土故曰其在異國乎若在異國必姜姓也姜太嶽之後也山嶽則配天物莫能兩大陳衰此其昌乎及陳之初亡也陳桓子始大於齊其後亡也成子得政

閔公

管仲請救邢 元年

狄人伐邢管敬仲言於齊侯曰戎狄豺狼不可厭也諸夏親暱不可棄也宴安酖音枕毒不可懷也詩云豈不懷歸畏此簡書簡書同惡相恤之謂也請救邢以從簡書齊人救邢

僖公

齊侯伐楚 四年

齊侯以諸侯之師侵蔡蔡潰遂伐楚楚子使與師

言曰君處北海寡人處南海唯是風牛馬不相及也不虞君之涉吾地也何故管仲對曰昔召康公命我先君大公曰五侯九伯女實征之以夾輔周室賜我先君履東至于海西至于河南至于穆陵北至于無棣爾貢包茅不入王祭不共無以縮酒寡人是徵昭王南征而不復寡人是問對曰貢之不入寡君之罪也敢不共給昭王之不復君其問諸水濱師進次于陘夏楚子使屈完如師師退次于召陵齊侯陳諸侯之師與屈完乘而觀之齊侯

曰豈不穀是爲先君之好是繼與不穀同好如何對曰君惠徼福於敝邑之社稷辱收寡君寡君之願也齊侯曰以此衆戰誰能禦之以此攻城何城不克對曰君若以德綏諸侯誰敢不服君若以力楚國方城以爲城漢水以爲池雖衆無所用之

宮之奇諫假道 五年

晉侯復假道於虞以伐虢宮之奇諫曰虢虞之表也虢亡虞必從之晉不可啓寇不可翫一之謂甚其可再乎諺所謂輔車相依脣亡齒寒者其虞虢

之謂也公曰晉吾宗也豈害我哉對曰大伯虞仲大王之昭也大伯不從是以不嗣虢仲虢叔王季之穆也爲文王卿士勲在王室藏於盟府將虢是滅何愛於虞且虞能親於桓莊乎其愛之也桓莊之族何罪而以爲戮不唯偪乎親以寵偪猶尚害之況以國乎公曰吾享祀豐潔神必據我對曰臣聞之鬼神非人實親惟德是依故周書曰皇天無親惟德是輔又曰黍稷非馨明德惟馨又曰民不易物惟德緊物如是則非德民不和神不享矣神

所馮依將在德矣君晉取虞而明德以薦馨香神其吐之乎弗聽許晉使宮之奇以其族行曰虞不臘矣在此行也晉不更舉矣晉滅虢還遂襲虞滅之

獻公筮嫁女於秦 十五年

獻公筮嫁伯姬於秦遇歸妹之睽史蘇占之曰不吉其繇曰士刲羊亦無衁音荒也女承筐亦無貺也西鄰責言不可償也歸妹之睽猶無相也震之離亦離之震爲雷爲火爲嬴敗姬車說其輹音復火焚

其旗不利行師敗于宗丘歸妹睽孤寇張之弧姪其從姑六年其逋逃歸其國而棄其家明年其死於高梁之虚及惠公在秦曰先君若從史蘇之占吾不及此夫韓簡侍曰龜象也筮數也物生而後有象象而後有滋滋而後有數先君之敗德及可數乎史蘇是占勿從何益

陰飴甥復晉侯 十五年

晉陰飴甥會秦伯盟于王城秦伯曰晉國和乎對曰不和小人耻失其君而悼喪其親不憚征繕以

立圉也曰必報讎寧事戎狄君子愛其君而知其罪不憚征繕以待秦命曰必報德有死無二以此不和秦伯曰國謂君何對曰小人慼謂之不免君子恕以爲必歸小人曰我毒秦秦豈歸君君子曰我知罪矣秦必歸君貳而執之服而舍之德莫厚焉刑莫威焉服者懷德貳者畏刑此一役也秦可以霸納而不定廢而不立以德爲怨秦不其然秦伯曰是吾心也改館晉侯饋七牢焉

臧孫辰諫焚巫尫　二十一年

僖公二十一年夏大旱公欲焚巫尫臧文仲曰非旱備也修城郭貶食省用務穡勸分此其務也巫尫何爲天欲殺之則如勿生若能爲旱焚之滋甚公從之是歲也饑而不害

介之推不言祿 二十四年

晉侯賞從亡者介之推不言祿祿亦弗及推曰獻公之子九人唯君在矣惠懷無親外內棄之天未絕晉必將有主主晉祀者非君而誰天實置之而二三子以爲己力不亦誣乎竊人之財猶謂之盜

況貪天之功以爲巳力乎下義其罪上賞其姦上下相蒙難與處矣其母曰盍亦求之以死誰懟對曰尤而效之罪又甚焉且出怨言不食其食其母曰亦使知之若何對曰言身之文也身將隱焉用文之是求顯也其母曰能如是乎與女偕隱遂隱而死晉侯求之不獲以緜上爲之田曰以志吾過且旌善人

富辰諫用狄師 二十四年

王將以狄伐鄭富辰諫曰不可臣聞之太上以德

撫民其次親親以相及也昔周公弔二叔之不咸
故封建親戚以蕃屏周管蔡郕霍魯衛毛聃郜雍
曹滕畢原酆郇文之昭也邘音于晉應韓武之穆也
凡蔣邢茅胙祭音寨周公之胤也召穆公思周德之
不類故糾合宗族于成周而作詩曰棠棣之華鄂
不韡韡凡今之人莫如兄弟其四章曰兄弟閱音吸
于牆外禦其侮如是則兄弟雖有小忿不廢懿親
今天子不忍小忿以棄鄭親其若之何庸勳親親
暱近尊賢德之大者也即聾從昧與頑用嚚姦之

大者也棄德崇姦禍之大者也鄭有平惠之勳又有厲宣之親棄嬖寵而用三良於諸姬爲近四德具矣耳不聽五聲之和爲聾目不別五色之章爲昧心不則德義之經爲頑口不道忠信之言爲嚚狄皆則之四姦具矣周之有懿德也猶曰莫如兄弟故封建之其懷柔天下也猶懼有外侮扞禦侮者莫如親親故以親屏周召穆公亦云今周德既衰於是乎又渝周召以從諸姦無乃不可乎民未忘禍王又興之其若文武何王弗聽

展喜犒齊師　二十六年

齊孝公伐我北鄙公使展喜犒師使受命于展禽齊侯未入竟展喜從之曰寡君聞君親舉玉趾將辱於敝邑使下臣犒執事齊侯曰魯人恐乎對曰小人恐矣君子則否齊侯曰室如懸罄野無青草何恃而不恐對曰恃先王之命昔周公大公股肱周室夾輔成王成王勞之而賜之盟曰世世子孫無相害也載在盟府太師職之桓公是以九合諸侯而謀其不協彌縫其闕而匡救其災昭舊職也

及君即位諸侯之望曰其率桓之功我敝邑用不敢保聚曰豈其嗣世九年而棄命廢職其若先君何君必不然恃此以不恐齊侯乃還

文公

穆公殉三良 六年

秦伯任好卒以子車氏之三子奄息仲行鍼虎爲殉皆秦之良也國人哀之爲之賦黃鳥君子曰秦穆之不爲盟主也宜哉死而棄民先王違世猶詒之法而况奪之善人乎詩曰人之云亡邦國殄瘁

無善人之謂若之何奪之古之王者知命之不長是以並建聖哲樹之風聲分之采物著之話言爲之律度陳之藝極引之表儀予之法制告之訓典教之防利委之常秩道之以禮則使毋失其土宜衆隸賴之而後即命聖王同之今縱無法以遺後嗣而又收其良以死難以在上矣君子是以知秦之不復東征也

樂豫諫去群公子　七年

昭公將去群公子樂豫曰不可公族公室之枝葉

也若去之則本根無所庇廕矣葛藟音雷猶能庇其本根故君子以爲比況國君乎此諺所謂庇焉而縱尋斧焉者也必不可君其圖之親之以德皆股肱也誰敢攜貳若之何去之不聽穆襄之族率國人以攻公

郤缺諷趙孟歸衛田 七年

晉伐衛疆戚田郤缺言於趙宣子曰日衛不睦故取其地今已睦矣可以歸之叛而不討何以示威服而不柔何以示懷非威非懷何以示德無德何

以主盟子爲正卿以主諸侯而不務德將若之何夏書曰戒之用休董之用威勸之以九歌勿使壞九功之德皆可歌也謂之九歌六府三事謂之九功水火金木土穀謂之六府正德利用厚生謂之三事義而行之謂之德禮無禮不樂所由叛也若吾子之德莫可歌也其誰來之盍使睦者歌吾子乎宣子說之

季文子逐莒僕 十八年

莒紀公生太子僕又生季佗愛季佗而黜僕且多

行無禮於國僕因國人以弒紀公以其寶玉來奔納諸公公命與之邑曰今日必授季文子使司寇出諸竟曰今日必達公問其故季文子使大史克對曰先大夫臧文仲教行父事君之禮行父奉以周旋罔敢失隊音墜曰見有禮於其君者事之如孝子之養父母也見無禮於其君者誅之如鷹鸇之逐鳥雀也先君周公制周禮曰則以觀德德以處事事以度功功以食民作誓命曰毀則爲賊掩賊爲藏竊賄爲盜盜器爲姦主藏之名賴姦之用爲

大凶德有常無赦在九刑不忘行父還觀莒僕莫可則也孝敬忠信爲吉德盜賊藏姦爲凶德夫莒僕則其孝敬則弑君父矣則其忠信則竊寶玉矣其人則盜賊也其器則姦兆也保而利之則主藏也以訓則昏民無則焉不度於善而皆在於凶德是以去之昔高陽世有才子八人蒼舒隤(音頹)敳(音愷)檮戭(音衍)大臨尨(音忙)降(音杭)庭堅仲容叔達齊聖廣淵明允篤誠天下之民謂之八愷高辛氏有才子八人伯奮仲堪叔獻季仲伯虎仲熊叔豹季貍忠肅

共懿宣慈惠和天下之民謂之八元此十六族也
世濟其美不隕其名以至于堯堯不能舉舜臣堯
舉八愷使主后土以揆百事莫不時序地平天成
舉八元使布五教於四方父義母慈兄友弟恭子
孝内平外成昔帝鴻氏有不才子掩義隱賊好行
凶德醜類惡物頑嚚不友是與比周天下之民謂
之渾敦少皞氏有不才子毀信廢忠崇飾惡言靖
譖庸回服讒蒐慝以誣盛德天下之民謂之窮奇
顓頊氏有不才子不可教訓不知話言告之則頑

舍之則嚚傲很明德以亂天常天下之民謂之檮杌此三族也世濟其凶增其惡名以至於堯堯不能去縉雲氏有不才子貪於飲食冒於貨賄侵欲崇侈不可盈厭聚斂積實不知紀極不分孤寡不恤窮匱天下之民以比三凶謂之饕音叨餮音孫舜臣堯賓於四門流四凶族渾敦窮奇檮杌饕餮投諸四裔以禦螭魅是以堯崩而天下如一同心戴舜以爲天子以其舉十六相去四凶也故虞書數舜之功曰慎徽五典五典克從無違教也曰納於百

揆百揆時序無廢事也曰賓於四門四門穆穆無凶人也舜有大功二十而爲天子今行父雖未獲一吉人去一凶矣於舜之功二十之一也庶幾免於戾乎

宣公

王孫滿對楚子問鼎 三年

楚子伐陸渾之戎遂至於雒音洛觀兵於周彊定王使王孫滿勞楚子楚子問鼎之大小輕重焉對曰在德不在鼎昔夏之方有德也遠方圖物貢金九

牧鑄鼎象物百物而爲之備使民知神姦故民入川澤山林不逢不若螭魅音昧罔兩莫能逢之用能協于上下以承天休桀有昏德鼎遷于商載祀六百商紂暴虐鼎遷于周德之休明雖小重也其姦回昏亂雖大輕也天祚明德有所底止成王定鼎于郟鄏卜世三十卜年七百天所命也周德雖衰天命未改鼎之輕重未可問也

申叔時諫縣陳 十一年

楚子爲陳夏氏亂故伐陳謂陳人無動將討於少

西氏遂入陳殺夏徵舒轘(音患)諸栗門因縣陳申叔時使於齊反復命而退王使讓之曰夏徵舒爲不道弑其君寡人以諸侯討而戮之諸侯縣公皆慶寡人女獨不慶寡人何故對曰猶可辭乎王曰可哉曰夏徵舒弑其君其罪大矣討而戮之君之義也抑人亦有言曰牽牛以蹊人之田而奪之牛牽牛以蹊者信有罪矣而奪之牛罰已重矣諸侯之從也曰討有罪也今縣陳貪其富也以討召諸侯而以貪歸之無乃不可乎王曰善哉吾未之聞也

反之可乎對曰可哉吾儕小人所謂取諸其懷而與之也乃復封陳鄉取一人焉以歸謂之夏州

成公

知罃不知所報　三年

晉人歸楚公子穀臣與連尹襄老之尸于楚以求知罃音甖於是荀首佐中軍矣故楚人許之王送知罃曰子其怨我乎對曰二國治戎臣不才不勝其任以爲俘馘執事不以釁鼓使歸即戮君之惠也臣實不才又誰敢怨王曰然則德我乎對曰二國

圖其社稷而求紓其民各懲其忿以相宥也兩釋纍囚以成其好二國有好臣不與及其誰敢德王曰子歸何以報我對曰臣不任受怨君亦不任受德無怨無德不知所報王曰雖然必告不穀對曰以君之靈纍臣得歸骨於晉寡君之以爲戮死且不朽若從君惠而免之以賜君之外臣首首其請於寡君而以戮於宗亦死且不朽若不獲命而使嗣宗職次及於事而帥偏師以修封疆雖遇執事其弗敢違其竭力致死無有二心以盡臣禮所以

報也王曰晉未可與爭重爲之禮而歸之

劉康公料成肅公　十三年

劉康公成肅公會晉侯伐秦成子受脤于社不敬劉子曰吾聞之民受天地之中以生所謂命也是以有動作禮義威儀之則以定命也能者養之以福不能者敗以取禍是故君子勤禮小人盡力勤禮莫如致敬盡力莫如敦篤敬在養神篤在守業國之大事在祀與戎祀有執膰戎有受脤神之大節也今成子惰棄其命矣其不反乎師還成肅公

卒于瑕

呂相絕秦十三年

晉侯使呂相絕秦曰昔逮我獻公及穆公相好戮力同心申之以盟誓重之以昏姻天禍晉國文公如齊惠公如秦無祿獻公即世穆公不忘舊德俾我惠公用能奉祀于晉又不能成大勳而爲韓之師亦悔于厥心用集我文公是穆之成也文公躬擐甲胄跋履山川踰越險阻征東之諸侯虞夏商周之胤而朝諸秦則亦既報舊德矣鄭人怒君之

疆埸我文公帥諸侯及秦圍鄭秦大夫不詢于我寡君擅及鄭盟諸侯疾之將致命于秦文公恐懼綏靜諸侯秦師克還無害則是我有大造于西也無祿文公即世穆爲不弔蔑死我君寡我襄公迭我殽地奸絕我好伐我保城殄滅我費滑散離我兄弟撓亂我同盟傾覆我國家我襄公未忘君之舊勳而懼社稷之隕是以有殽之師猶願赦罪于穆公穆公弗聽而即楚謀我天誘其衷成王隕命穆公是以不克逞志于我穆襄即世康靈即位康

公我之自出又欲闕翦我公室傾覆我社稷帥我
蝥（音矛）賊以來蕩搖我邊疆我是以有令狐之役康
猶不悛入我河曲伐我涑（音肅）川俘我王官翦我羈
馬我是以有河曲之戰東道之不通則是康公絕
我好也及君之嗣也我君景公引領西望曰庶撫
我乎君亦不惠稱盟利吾有狄難入我河縣焚我
箕郜芟（音山）夷我農功虔劉我邊陲我是以有輔氏
之聚君亦悔禍之延而欲徼福于先君獻穆使伯
車來命我景公曰吾與女同好棄惡復修舊德以

追念前勳言誓未就景公即世我寡君是以有令狐之會君又不祥背棄盟誓白狄及君同州君之仇讐而我之昬姻也君來賜命曰吾與汝伐狄寡君不敢顧昬姻畏君之威而受命于吏君有二心於狄曰晉將伐女狄應且憎是用告我楚人惡君之二三其德也亦來告我曰秦背令狐之盟而來求盟于我昭告昊天上帝秦三公楚三王曰余雖與晉出入余唯利是視不穀惡其無成德是用宣之以懲不壹諸侯備聞此言斯是用痛心疾首暱

就寡人寡人帥以聽命唯好是求君若惠顧諸侯矜哀寡人而賜之盟則寡人之願也其承寧諸侯以退豈敢徼亂君若不施大惠寡人不佞其不能以諸侯退矣敢盡布之執事俾執事實圖利之

襄公

穆叔重拜鹿鳴 四年

穆叔如晉報知武子之聘也晉侯享之金奏肆夏之三不拜工歌文王之三又不拜歌鹿鳴之三三拜韓獻子使行人子員問之曰子以君命辱於敝

邑先君之禮藉之以樂以辱吾子吾子舍其大而重拜其細敢問何禮也對曰三夏天子所以享元侯也使臣不敢與聞文王兩君相見之樂也臣不敢及鹿鳴君所以嘉寡君也敢不拜嘉四牡君所以勞使臣也敢不重拜皇皇者華君告使臣曰必諮於周臣聞之訪問於善爲咨咨親爲詢咨禮爲度咨事爲諏咨難爲謀臣獲五善敢不重拜

師曠論衛出君　十四年

師曠侍於晉侯晉侯曰衛人出其君不亦甚乎對

曰或者其君實甚良君將賞善而刑淫養民如子蓋之如天容之如地民奉其君愛之如父母仰之如日月敬之如神明畏之如雷霆其可出乎夫君神之主而民之望也若困民之主匱神之祀百姓絕望社稷無主將安用之弗去何為天生民而立之君使司牧之勿使失性有君而為之貳使師保之勿使過度是故天子有公諸侯有卿卿置側室大夫有貳宗士有朋友庶人工商皁隸牧圉皆有親暱以相輔佐也善則賞之過則匡之患則救之

失則革之自王以下各有父兄子弟以補察其政史爲書瞽爲詩工誦箴諫大夫規誨士傳言庶人謗商旅于市百工獻藝故夏書曰遒人以木鐸徇于路官師相規工執藝事以諫正月孟春於是乎有之諫失常也天之愛民甚矣豈其使一人肆於民上以從其淫而棄天地之性必不然矣

子罕論寶　十五年

宋人或得玉獻諸子罕子罕弗受獻玉者曰以示玉人玉人以爲寶也故敢獻之子罕曰我以不貪

爲寶爾以玉爲寶若以與我皆喪去聲寶也不若人有其寶稽首而告曰小人懷璧不可以越鄉納此以請死也子罕寘諸其里使玉人爲去聲之攻之富而後使復其所

臧孫哭孟孫 二十三年

孟孫惡臧孫季孫愛之孟孫死臧孫入哭甚哀多涕出其御曰孟孫之惡子也而哀如是季孫若死其若之何臧孫曰季孫之愛我疾疢也孟孫之惡我藥石也美疢不如惡石夫石猶生我疢之美其

毒滋多孟孫死吾亡無日矣

子産告范宣子輕幣 二十四年

范宣子爲政諸侯之幣重鄭人病之子産寓書於子西以告宣子曰子爲晉國四鄰諸侯不聞令德而聞重幣僑也惑之僑聞君子長國家者非無賄之患而無令名之難夫諸侯之賄聚於公室則諸侯貳若吾子賴之則晉國貳諸侯貳則晉國壞晉國貳則子之家壞何沒沒也將焉用賄夫令名德之輿也德國家之基也有基無壞無亦是務乎有

德則樂樂則能久詩云樂只君子邦家之基有令德也夫上帝臨汝無貳爾心有令名也夫恕思以明德則令名載而行之是以遠至邇安毋寧使人謂子子實生我而謂子浚我以生乎象有齒以焚其身賄也宣子說乃輕幣

晏嬰不死君難　二十五年

崔武子見棠姜而美之遂取之莊公通焉崔子弑之晏子立於崔氏之門外其人曰死乎曰獨吾君也乎哉吾死也曰行乎曰吾罪也乎哉吾亡也曰

歸乎曰君死安歸君民者豈以陵民社稷是主臣君也者豈爲其口實社稷是養故君爲社稷死則死之爲社稷亡則亡之若爲己死而爲己亡非其私暱誰敢任之且人有君而弒之吾焉得死之而焉得亡之將庸何歸門啓而入枕尸股而哭之興三踊而出人謂崔子必殺之崔子曰民之望也舍之得民

子產然明論政　二十五年

晉程鄭卒子產始知然明問爲政焉對曰視民如

子見不仁者誅之如鷹鸇之逐鳥雀也子產喜以語子大叔且曰他日吾見蔑之面而已今吾見其心矣子大叔問政於子產子產曰政如農功日夜思之思其始而成其終朝夕而行之行無越思如農之有畔其過鮮矣

七子賦詩觀志　二十七年

鄭伯享趙孟於垂隴子展伯有子西子產子太叔二子石從趙孟曰七子從君以寵武也請皆賦以卒君貺武亦以觀七子之志子展賦草蟲趙孟曰

善哉民之主也抑武也不足以當之伯有賦鶉之賁賁趙孟曰牀第音子之言不踰閾況在野乎非使人之所得聞也子西賦黍苗之四章趙孟曰寡君在武何能焉子產賦隰桑趙孟曰武請受其卒章子太叔賦野有蔓草趙孟曰吾子之惠也印段賦蟋蟀趙孟曰善哉保家之主也吾有望矣公孫段賦桑扈趙孟曰匪交匪敖福將焉往若保是言也欲辭福祿得乎卒享文子告叔向曰伯有將為戮矣詩以言志志誣其上而公怨之以為賓榮其能

久乎幸而後亡叔向曰然已侈所謂不及五稔者夫子之謂矣文子曰其餘皆數世之主也子展其後亡者也在上不忘降印氏其次也樂而不荒樂以安民不淫以使之後亡不亦可乎

季札論樂 二十九年

公子札來聘請觀於周樂使工爲之歌周南召南曰美哉始基之矣猶未也然勤而不怨矣爲之歌邶鄘衛曰美哉淵乎憂而不困者也吾聞衛康叔武公之德如是是其衛風乎爲之歌王曰美哉思

而不懼其周之東乎爲之歌鄭曰美哉其細已甚民弗堪也是其先亡乎爲之歌齊曰美哉泱泱乎大風也哉表東海者其大公乎國未可量也爲之歌豳曰美哉蕩乎樂而不淫其周公之東乎爲之歌秦曰此之謂夏聲夫能夏則大大之至也其周之舊乎爲之歌魏曰美哉渢渢乎大而婉險而易行以德輔此則明主也爲之歌唐曰思深哉其有陶唐氏之遺民乎不然何憂之遠也非令德之後誰能若是爲之歌陳曰國無主其能久乎自鄶以

下無譏焉爲之歌小雅曰美哉思而不貳怨而不言其周德之衰乎猶有先王之遺民焉爲之歌大雅曰廣哉熙熙乎曲而有直體其文王之德乎爲之歌頌曰至矣哉直而不倨曲而不屈邇而不逼遠而不攜遷而不淫復而不厭哀而不愁樂而不荒用而不匱廣而不宣施而不費取而不貪處而不底行而不流五聲和八風平節有度守有序盛德之所同也見舞象箾（蕭同）南籥者曰美哉猶有憾見舞大武者曰美哉周之盛也其若此乎見舞韶

濩者曰聖人之弘也而猶有慙德聖人之難也見舞大夏者曰美哉勤而不德非禹其誰能修之見舞韶箾者曰德至矣哉大矣如天之無不幬也如地之無不載也雖甚盛德其蔑以加於此矣觀止矣若有他樂吾不敢請已

子產壞晉館垣 三十一年

子產相鄭伯以如晉晉侯未之見也子產使盡壞其館之垣而納車馬焉士文伯讓之曰敝邑以政刑之不修寇盜充斥無若諸侯之屬辱在寡君者

何是以令吏人完客所館高其閈（音幹）閎厚其墻垣以無憂客使今吾子壞之雖從者能戒其若異客何以敝邑之爲盟主繕完葺牆以待賓客若皆毀之其何以共命寡君使匄（音蓋）請命對曰以敝邑褊小介於大國誅求無時是以不敢寧居悉索敝賦以來會時事逢執事之不間而未得見又不獲聞命未知見時不敢輸幣亦不敢暴露其輸之則君之府實也非薦陳之不敢輸也其暴露之則恐燥濕之不時而朽蠹以重敝邑之罪僑聞文公之爲

盟主也宮室卑庳無觀臺榭以崇大諸侯之館館如公寢庫廄繕修司空以時平易道路圬（音烏）人以時塓（音密）館宮室諸侯賓至甸設庭燎僕人巡宮車馬有所賓從有代巾車脂轄（音俠）隸人牧圉各瞻其事百官之屬各展其物公不留賓而亦無廢事憂樂同之事則巡之教其不知而恤其不足賓至如歸無寧菑患不畏寇盜而亦不患燥濕今銅鞮（音提）之宮數里而諸侯舍於隸人門不容車而不可踰越盜賊公行而天癘不戒賓見無時命不可知若

又勿壞是無所藏幣以重罪也敢請執事將何所命之雖君之有魯喪亦敝邑之憂也若獲薦幣修垣而行君之惠也敢憚勤勞文伯復命趙文子曰信我實不德而以隸人之垣以贏諸侯是吾罪也使士文伯謝不敏焉晉侯見鄭伯有加禮厚其宴好而歸之乃築諸侯之館叔向曰辭之不可以已也如是夫子產有辭諸侯賴之若之何其釋辭也詩曰辭之輯矣民之協矣辭之懌矣民之莫矣其知之矣

子產不欲子皮用尹何 三十一年

子皮欲使尹何爲邑子產曰少未知可否子皮曰愿吾愛之不吾叛也使夫往而學焉夫亦愈知治矣子產曰不可人之愛人求利之也今吾子愛人則以政猶未能操刀而使割也其傷實多子之愛人傷之而已其誰敢求愛於子子於鄭國棟也棟折榱崩僑將厭音壓焉敢不盡言子有美錦不使人學製焉大官大邑身之所庇也而使學者製焉其爲美錦不亦多乎僑聞學而後入政未聞以政學

者也若果行此必有所害譬如田獵射御貫[音慣]則能獲禽若未嘗登車射御則敗績厭[音壓]覆是懼何暇思獲子皮曰善哉虎不敏吾聞君子務知大者遠者小人務知小者近者我小人也衣服附在吾身我知而慎之大官大邑所以庇身也我遠而慢之微子之言吾不知也他日我曰子爲鄭國我爲吾家以庇焉其可也今而後知不足自今請雖吾家聽子而行子產曰人心之不同如其面焉吾豈敢謂子面如吾面乎抑心所謂危亦以告也子皮

以爲忠故委政焉子產是以能爲鄭國

北宮他論威儀 三十一年

衛侯在楚北宮文子見令尹圍之威儀言於衛侯曰令尹似君矣將有他志雖獲其志不能終也詩云靡有不初鮮克有終終之實難令尹其將不免公曰子何以知之對曰詩云敬慎威儀惟民之則令尹無威儀民無則焉民所不則以在民上不可以終公曰善哉何謂威儀對曰有威而可畏謂之威有儀而可象謂之儀君有君之威儀其臣畏而

愛之則而象之故能有其國家令聞長世臣有臣之威儀其下畏而愛之故能守其官職保族宜家順是以下皆如是是以上下能相固也衛詩曰威儀棣棣不可選也言君臣上下父子兄弟內外大小皆有威儀也周詩曰朋友攸攝攝以威儀言朋友之道必相教訓以威儀也周書數文王之德曰大國畏其力小國懷其德言畏而愛之也詩曰不識不知順帝之則言則而象之也紂囚文王七年諸侯皆從之囚紂於是乎懼而歸之可謂愛之文

王伐崇再駕而降爲臣蠻夷帥服可謂畏之文王之功天下誦而歌舞之可謂則之文王之行至今爲法可謂象之有威儀也故君子在位可畏施舍可愛進退可度周旋可則容止可觀作事可法德行可象聲氣可樂動作有文言語有章以臨其下謂之有威儀也

昭公

晏嬰諷諫繁刑三年

景公欲更晏子之宅曰子之宅近市湫音秋隘囂塵

不可以居請更諸爽塏音凱者辭曰君之先臣容焉

臣不足以嗣之於臣侈矣且小人近市朝夕得所

求小人之利也敢煩里旅公笑曰子近市識貴賤

乎對曰既利之敢不識乎公曰何貴何賤曰踊貴

屨賤景公爲是省於刑君子曰仁人之言其利博

哉晏子一言而齊侯省刑詩曰君子如祉亂庶遄

已其是之謂乎

女叔齊請從楚求 四年

楚子使椒舉如晋求諸侯欲勿許司馬侯曰不可

楚王方侈天或者欲逞其心以厚其毒而降之罰
未可知也其使能終亦未可知也晉楚唯天所相
不可與爭君其許之而修德以待其歸若歸於德
吾猶將事之况諸侯乎若適淫虐楚將棄之吾又
誰與爭曰晉有三不殆其何敵之有國險而多馬
齊楚多難有是三者何鄉而不濟對曰恃險與馬
而虞鄰國之難是三殆也四嶽三塗陽城大室荆
山中南九州之險也是不一姓冀之北土馬之所
生無興國焉恃險與馬不可以爲固也從古以然

是以先王務修德音以享神人不聞其務險與馬也隣國之難不可虞也或多難以固其國啓其疆土或無難以喪其國失其守宇若何虞難齊有仲孫之難而獲桓公至今賴之晋有里丕之難而獲文公是以爲盟主衛邢無難敵亦喪之故人之難不可虞也恃此三者而不修政德亡於不暇又何能濟君其許之紂作淫虐文王惠和殷是以隕周是以興夫豈爭諸侯乃許楚使楚子合諸侯于申

叔向詒鄭子產書 六年

鄭人鑄刑書叔向使詒子產書曰始吾有虞於子今則已矣昔先王議事以制不爲刑辟懼民之有爭心也猶不可禁禦是故閑之以義糾之以政行之以禮守之以信奉之以仁制爲祿位以勸其從嚴斷刑罰以威其淫懼其未也故誨之以忠聳之以行教之以務使之以和臨之以敬涖之以强斷之以剛猶求聖哲之上明察之官忠信之長慈惠之師民於是乎可任使也而不生禍亂民知有辟則不忌於上並有爭心以徵於書而徼幸以成之

弗可爲矣夏有亂政而作禹刑商有亂政而作湯刑周有亂政而作九刑三辟之興皆叔世也今吾子相鄭國作封洫立謗政制參辟鑄刑書將以靖民不亦難乎詩曰儀式刑文王之德日靖四方又曰儀刑文王萬邦作孚如是何辟之有民知爭端矣將棄禮而徵於書錐刀之末將盡爭之亂獄滋豐賄賂並行終子之世鄭其敗乎肸聞之國將亡必多制其此之謂乎復書曰若吾子之言僑不才不能及子孫吾以救世也既不承命敢忘大惠

子產論厲鬼　七年

子產適晉趙景子問焉曰伯有猶能爲鬼乎子產曰能人生始化曰魄既生魄陽曰魂用物精多則魂魄強是以有精爽至於神明匹夫匹婦強死其魂魄猶能馮依於人以爲淫厲況良霄我先君穆公之胄子良之孫子耳之子敝邑之卿從政三世矣鄭雖無腆抑諺曰蕞爾國而三世執其政柄其用物也弘矣其取精也多矣其族又大所馮厚矣而強死能爲鬼不亦宜乎

孟僖子命學禮于仲尼 七年

公至自楚孟僖子病不能相禮乃講學之苟能禮者從之及其將死也召其大夫曰禮人之幹也無禮無以立吾聞將有達者曰孔丘聖人之後也而滅於宋其祖弗父何以有宋而授厲公及正考父佐戴武宣三命茲益共（音工）故其鼎銘云一命而僂再命而傴三命而俯循牆而走亦莫余敢侮饘於是鬻於是以餬余口其共也如是臧孫紇有言曰聖人有明德者若不當世其後必有達人今其將

加之以共自文以來世有衰德而暴蔑宗周以宣示其後諸侯之貳不亦宜乎且王辭直子其圖之宣子說致閻田反潁俘

六卿餞晉韓宣子　十六年

鄭六卿餞宣子於郊宣子曰二三君子請皆賦起亦以知鄭志子齹音槎賦野有蔓草宣子曰孺子善哉吾有望矣子產賦鄭之羔裘宣子曰起不堪也子太叔賦褰裳宣子曰起在此敢勤子至於他人乎子太叔拜宣子曰善哉子之言是不有是事其

能終乎子游賦風雨子旗賦有女同車子柳賦蘀音托兮宣子喜曰鄭其庶乎二三君子以君命貺起賦不出鄭志皆昵燕好也二三君子數世之主也可以無懼矣宣子皆獻馬焉而賦我將子產拜使五卿皆拜曰吾子靖亂敢不拜德

郯子論官　十七年

郯子來朝公與之宴昭子問焉曰少皞氏鳥名官何故也郯子曰吾祖也我知之昔者黃帝氏以雲紀故爲雲師而雲名炎帝氏以火紀故爲火師而

火名共工氏以水紀故爲水師而水名大皞氏以龍紀故爲龍師而龍名我高祖少皞摯之立也鳳鳥適至故紀於鳥爲鳥師而鳥名鳳鳥氏歷正也玄鳥氏司分者也伯趙氏司至者也青鳥氏司啓者也丹鳥氏司閉者也祝鳩氏司徒也鴡鳩氏司馬也鳲鳩氏司空也爽鳩氏司寇也鶻(音骨)鳩氏司事也五鳩鳩民者也五雉爲五工正利器用正度量夷民者也九扈爲九農正扈民無淫者也自顓頊以來不能紀遠乃紀於近爲民師而命以民事

則不能故也仲尼聞之見於郯子而學之既而告人曰吾聞之天子失官學在四夷猶信

閔子馬知周亂 十八年

葬曹平公往者見周原伯魯焉與之語不説學歸以語閔子馬閔子馬曰周其亂乎夫必多有是説而後及其大人大人患失而惑又曰可以無學無學不害不害而不學則苟而可於是乎下陵上替能無亂乎夫學殖也不學將落原氏其亡乎

晏嬰諫誅祝史 二十年

齊侯痁音苫期而不瘳諸侯之賓問疾者多在梁丘據與裔款言於公曰吾事鬼神豐於先君有加矣今君疾病爲諸侯憂是祝史之罪也諸侯不知其謂我不敬君盍誅於祝固史嚚以辭賓公說告晏子晏子曰日宋之盟屈建問范會之德於趙武武曰夫子之家事治言於晉國竭情無私其祝史祭祀陳信不愧其家事無猜其祝史不祈建以語康王康王曰神人無怨宜夫子之光輔五君以爲諸侯主也公曰據與款謂寡人能事鬼神故欲誅於

祝史子稱是語何故對曰若有德之君外內不廢上下無怨動無違事其祝史薦信無愧心矣是以鬼神用饗國受其福祝史與焉其所以蕃祉老壽者爲信君使也其言忠信於鬼神其適遇淫君外內頗邪上下怨疾動作辟違從欲厭私高臺深池撞鍾舞女斬刈民力輸掠其聚以成其違不恤後人暴虐淫從肆行非度無所還忌不思謗讟不憚鬼神神怒民痛無悛於心其祝史薦信是言罪也其蓋失數美是矯誣也進退無辭則虛以求媚是

以鬼神不饗其國以禍之祝史與焉所以夭昏孤疾者爲暴君使也其言僭嫚於鬼神公曰然則若之何對曰不可爲也山林之木衡鹿守之澤之萑音丸蒲舟鮫守之藪之薪烝虞候守之海之鹽蜃祈望守之縣鄙之人入從其政偪介之關暴征其私承嗣大夫疆易其賄布常無藝徵斂無度宮室日更淫樂不違內寵之妾肆奪於市外寵之臣僭令於鄙私欲養求不給則應民人苦病夫婦皆詛祝有益也詛亦有損聊攝以東姑尤以西其爲人也

多矣雖其善祝豈能勝億兆人之詛君若欲誅於祝史修德而後可公說使有司寬政毀關去禁薄歛已責

晏子論和同 二十年

齊侯至自田晏子侍于遄臺子猶馳而造焉公曰唯據與我和夫晏子對曰據亦同也焉得爲和公曰和與同異乎對曰異和如羹焉水火醯醢鹽梅以烹魚肉燀之以薪宰夫和之齊之以味濟其不及以洩其過君子食之以平其心君臣亦然君所

謂可而有否焉臣獻其否以成其可君所謂否而有可焉臣獻其可以去其否是以政平而不干民無爭心故詩曰亦有和羹既戒既平鬷嘏無言時靡有爭先王之濟五味和五聲也以平其心成其政也聲亦如味一氣二體三類四物五聲六律七音八風九歌以相成也清濁小大短長疾徐哀樂剛柔遲速高下出入周疏以相濟也君子聽之以平其心心平德和故詩曰德音不瑕今據不然君所謂可據亦曰可君所謂否據亦曰否若以水濟

水誰能食之若琴瑟之專壹誰能聽之同之不可
也如是

子產授子太叔政 二十年

子產有疾謂子太叔曰我死子必爲政唯有德者
能以寬服民其次莫如猛夫火烈民望而畏之故
鮮死焉水懦弱民狎而翫之則多死焉故寬難疾
數月而卒太叔爲政不忍猛而寬鄭國多盜取人
於萑音丸苻音蒲之澤太叔悔之曰吾早從夫子不及
此興徒兵以攻萑苻之盜盡殺之盜少止仲尼曰

善哉政寬則民慢慢則糾之以猛猛則民殘殘則施之以寬寬以濟猛猛以濟寬政是以和詩曰民亦勞止汔可小康惠此中國以綏四方施之以寬也毋從詭隨以謹無良式遏寇虐慘不畏明糾之以猛也柔遠能邇以定我王平之以和也又曰不競不絿不剛不柔布政優優百祿是遒和之至也及子產卒仲尼聞之出涕曰古之遺愛也

游吉述禮儀 二十五年

子太叔見趙簡子簡子問揖讓周旋之禮焉對曰

是儀也非禮也簡子曰敢問何謂禮對曰吉也聞
諸先大夫子產曰夫禮天之經也地之義也民之
行也天地之經而民實則之則天之明因地之性
生其六氣用其五行氣爲五味發爲五色章爲五
聲淫則昏亂民失其性是故爲禮以奉之爲六畜
五牲三犧以奉五味爲九文六采五章以奉五色
爲九歌八風七音六律以奉五聲爲君臣上下以
則地義爲夫婦外內以經二物爲父子兄弟姑姊
甥舅昏媾姻亞以象天明爲政事庸力行務以從

四時爲刑罰威獄使民畏忌以類其震曜殺戮爲温慈惠和以效天之生殖長育民有好惡喜怒哀樂生于六氣是故審則宜類以制六志哀有哭泣樂有歌舞喜有施舍怒有戰鬬喜生於好怒生於惡是故審行信令禍福賞罰以制死生生好物也死惡物也好物樂也惡物哀也哀樂不失乃能協于天地之性是以長久簡子曰甚哉禮之大也對曰禮上下之紀天地之經緯也民之所以生也是以先王尚之故人之能自曲直以赴禮者謂之成

人大不亦宜乎簡子曰鞅也請終身守此言也

定公

太叔語趙簡子以九言 四年

子太叔卒晉趙簡子爲之臨甚哀曰黄父之會夫子語我九言曰無始亂無怙富無恃寵無違同無敖禮無驕能無復怒無謀非德無犯非義

駟歂用鄧析竹刑 九年

駟歂音專嗣子太叔爲政殺鄧析而用其竹刑君子謂子然於是不忠苟有可以加於國家者棄其邪

可也靜女之三章取彤管焉竿旄何以告之取其忠也故用其道不棄其人詩云蔽芾甘棠勿翦勿伐召伯所茇思其人猶愛其樹况用其道而不恤其人乎子然無以勸能矣

子貢視執玉 十五年

邾隱公來朝子貢觀焉邾子執玉高其容仰公受玉卑其容俯子貢曰以禮觀之二君者皆有死亡焉夫禮死生存亡之體也將左右周旋進退俯仰於是乎取之朝祀喪戎於是乎觀之今正月相朝

而皆不度心已亡矣嘉事不體何以能久高仰驕也卑俯替也驕近亂替近疾君爲主其先亡乎公薨仲尼曰賜不幸言而中是使賜多言者也師入邾以邾子益來

哀公

逢滑諫從吳 元年

吳之入楚也使召陳懷公懷公朝國人而問焉曰欲與楚者右欲與吳者左陳人從田無田從黨逢滑當公而進曰臣聞國之興也以福其亡也以禍

今吳未有福楚未有禍楚未可棄吳未可從而晉盟主也若以晉辭吳若何公曰國勝君亡非禍而何對曰國之有是多矣何必不復小國猶復況大國乎臣聞國之興也視民如傷是其福也其亡也以民爲土芥是其禍也楚雖無德亦不艾殺其民吳日敝於兵暴骨如莽而未見德焉天其或者正訓楚也禍之適吳其何日之有

子西不患吳 元年

吳侵陳吳師在陳楚大夫皆懼曰闔廬惟能用其

民以敗我於柏舉今聞其嗣又甚焉將若之何子
西曰二三子恤不相睦無患吳矣昔闔廬食不二
味居不重席室不崇壇器不彤鏤宮室不觀舟車
不飾衣服財用擇不取費在國天有菑癘親巡其
孤寡而共其乏困在軍熟食者分而後敢食其所
嘗者卒乘與焉勤恤其民而與之勞逸是以民不
罷勞死知不曠吾先大夫子常易之所以敗我也
今聞夫差次有臺榭陂池焉宿有妃嬙嬪御焉一
日之行所欲必成翫好必從珍異是聚觀樂是務

視民如讐而用之日新夫先自敗也已安能敗我

附公羊荀息不食言

晉里克弑其君卓子及其大夫荀息及者何累也弑君多矣舍此無累者乎曰有孔父仇牧皆累也舍孔父仇牧無累者乎曰有有則此何以書賢也何賢乎荀息荀息可謂不食其言矣其不食其言柰何奚齊卓子者驪姬之子荀息傅焉驪姬者國色也獻公愛之甚欲立其子於是殺世子申生申生者里克傅之獻公病将死謂荀息曰士何如則

可謂之信矣荀息對曰使死者復生生者不愧乎其言則可謂之信矣獻公死奚齊立里克謂荀息曰君殺正而立不正廢長而立幼如之何願與子慮之荀息曰君嘗訊臣矣臣對曰使死者反生生者不愧乎其言則可謂信矣里克知其不可與謀退弒奚齊荀息立卓子里克弒卓子荀息死之荀息可謂不食其言矣

公羊荀林父帥師及楚子戰于邲

大夫不敵君此其稱名氏以敵楚子何不與晉而

與楚子爲禮也曷爲不與晉而與楚子爲禮也莊王伐鄭勝乎皇門放乎路衢鄭伯肉袒左執茅旌右執鸞刀以逆莊王曰寡人無良邊陲之臣以干天禍是以使君王沛然辱到敝邑君如矜此喪人錫之不毛之地使帥一二耋老而綏焉請唯君王之命莊王曰君之不令臣交易爲言是以使寡人得見君之玉面而微至乎此莊王親自手旌左右撝軍退舍七里將軍子重諫曰南郢之與鄭相去數千里諸大夫死者數人厮役扈養死者數百人

今君勝鄭而不有無乃失民臣之力乎莊王曰古者杅不穿皮不蠹則不出於四方是以君子篤於禮而薄於利要其人而不要其土告從不赦不祥吾以不祥道民災及吾身何日之有既則晉師之救鄭者至曰請戰莊王許諾將軍子重諫曰晉大國也王師淹病矣君請勿許也莊王曰弱者吾威之强者吾辟之是以使寡人無以立乎天下令之還師而逆晉寇莊王鼓之晉師大敗晉衆之走者舟中之指可掬矣莊王曰嘻吾兩君不相好百姓

何罪令之還師而俟晉寇

穀梁虞師晉師滅夏陽

非國而曰滅重夏陽也虞無師其曰師何也以其先晉不可以不言師也其先晉何也爲主乎滅夏陽也夏陽者虞虢之塞邑也滅夏陽而虞虢舉矣虞之爲主乎滅夏陽何也晉獻公欲伐虢荀息曰君何不以屈產之乘垂棘之璧而借道乎虞也公曰此晉國之寶也如受吾幣而不借吾道則如之何荀息曰此小國之所以事大國也彼不借吾道

必不敢受吾幣如受吾幣而借吾道則是我取之中府而藏之外府取之中廄而置之外廄也公曰宮之奇存焉必不使君受之也荀息曰宮之奇之爲人也達心而懦又少長於君達心則其言略懦則不能彊諫少長於君則君輕之且夫玩好在耳目之前而患在一國之後此中知以上乃能慮之臣料虞君中知以下也公遂借道而伐虢宮之奇諫曰晉國之使者其辭卑而幣重必不便於虞虞公弗聽遂受其幣而借之道宮之奇又諫曰語曰

脣亡則齒寒其斯之謂與挈其妻子以奔曹獻公亡虢五年而後舉虞荀息牽馬操璧而前曰璧則猶是也而馬齒加長矣

穀梁隱公不書即位

隱元年公何以不言即位成公志也焉成之言君之不取爲公也君之不取爲公何也將以讓桓也讓桓正乎曰不正春秋成人之美不成人之惡隱不正而成之何也將以惡桓也其惡桓何也隱將讓而桓弒之則桓惡矣桓弒而隱讓則隱善矣善

則其不正焉何也春秋貴義而不貴惠信道而不信邪孝子揚父之美不揚父之惡先君之欲與桓非正也邪也雖然既勝其邪心以與隱矣已探先君之邪志而遂以與桓則是成公之惡也兄弟天倫也爲子受之父爲諸侯受之君已廢天倫而忘君父以行小惠曰小道也若隱者可謂輕千乘之國蹈道則未也

春秋穀梁傳序

昔周道衰陵乾綱絶紐禮壞樂崩彝倫攸斁弑逆

篡盜者國有淫縱破義者比肩是以妖災因釁而
作民俗染化而遷陰陽爲之愆度七曜爲之盈縮
川岳爲之崩竭鬼神爲之疵癘故父子之恩缺則
小弁之刺作君臣之禮廢則桑扈之諷興夫婦之
道絶則谷風之篇奏骨肉之親離則角弓之怨彰
君子之路塞則白駒之詩賦天垂象見吉凶聖作
訓紀成敗欲人君戒慎厥行增修德政蓋誨爾諄
諄聽我藐藐覆霜堅氷所由者漸四夷交侵華戎
同貫幽王以暴虐見禍平王以微弱東遷征伐不

由天子之命號令出自權臣之門故兩觀表而臣禮亡朱干設而君權喪下陵上替僭逼理極天下蕩蕩王道盡矣孔子覩滄海之橫流乃喟然而嘆曰文王既沒文不在茲乎言文王之道喪興之者在已於是就太師而正雅頌因魯史而修春秋列黍離於國風齊王德於邦君所以明其不能復雅政化不足以被群后也於是則撥乎隱公故因茲以託始該二儀之化育贊人道之幽變舉得失以彰黜陟明成敗以著勸戒拯頹綱以繼三五鼓芳

風以扇遊塵一字之褒寵踰華袞之贈片言之貶辱過市朝之撻德之所助雖賤必申義之所抑雖貴必屈故附勢匿非者無所逃其罪潛德獨運者無所隱其名信不易之宏軌百王之通典也先王之道既弘麟感化而來應因事備而終篇故絕筆於斯年成天下之事業定天下之邪正莫善於春秋春秋之傳有三而爲經之旨一臧否不同褒貶殊致蓋九流分而微言隱異端作而大義乖左氏以鬻拳兵諫爲愛君文公納幣爲用禮穀梁以衛

輒拒父爲尊祖不納子糾爲內惡公羊以祭仲廢君爲行權妾母稱夫人爲合正以兵諫爲愛君是人主可得而脅也以納幣爲用禮是居喪可得而婚也以拒父爲尊祖是爲子可得而叛也以不納子糾爲內惡是仇讎可得而容也以廢君爲行權是神器可得而闚也以妾母爲夫人是嫡庶可得而齊也若此之類傷教害義不可强通者也凡傳以通經爲主經以必當爲理夫至當無二而三傳殊說庸得不棄其所滯擇善而從乎既不俱當則

固容俱失若至言幽絶擇善靡從庸得不竝舍以求宗據理以通經乎雖我之所是理未全當安可以得當之難而自絶於希通哉而漢興以來瓌望碩儒各信所習是非紛錯準裁靡定故有父子異同之論石渠分爭之說廢興由於好惡盛衰繼之辯訥斯蓋非通方之至理誠君子之所嘆息也左氏豔而富其失也誣穀梁清而婉其失也短公羊辯而裁其失也俗若能富而不誣清而不短裁而不俗則深於其道者也故君子之於春秋沒身而

已矣升平之末歲次大梁先君北蕃迴軫頓駕於吳乃帥門生故吏我兄弟子姪研講六籍次及三傳左氏則有服杜之註公羊則有何嚴之訓釋穀梁傳者雖近十家皆膚淺末學不經師匠辭理典據既無可觀又引左氏公羊以解此傳文義違反斯害也已於是乃商略名例敷陳疑滯博示諸儒同異之說昊天不弔太山其穨匍匐墓次死亡無日日月逾邁跂今視昔乃與二三學士及諸弟子各記所識并言其意業未及終嚴霜夏墜從弟彫

落二子泯沒天實喪予何痛如之今撰諸子之言各記其姓名名曰春秋穀梁傳集解

春秋胡氏傳序

古者列國各有史官掌記時事春秋魯史爾仲尼就加筆削乃史外傳心之要典也而孟氏發明宗旨目爲天子之事者周道衰微乾綱解紐亂臣賊子接迹當世人欲肆而天理滅矣仲尼天理之所在不以爲已任而誰可五典弗惇已所當敘五禮弗庸已所當秩五服弗章已所當命五刑弗用已

所當討故曰文王既沒文不在茲乎天之將喪斯文也後死者不得與於斯文也天之未喪斯文也匡人其如予何聖人以天自處斯文之興喪在己而由人乎哉故曰我欲載之空言不如見諸行事之深切著明也空言獨能載其理行事然後見其用是故假魯史以寓王法撥亂世反之正敘先後之倫而典自此可惇秩上下之分而禮自此可庸有德者必褒而善自此可勸有罪者必貶而惡自此可懲其志存乎經世其功配於抑洪水膺戎狄

放龍蛇驅虎豹其大要則皆天子之事也故曰知我者其惟春秋乎罪我者其惟春秋乎知孔子者謂此書遏人欲於橫流存天理於既滅爲後世慮至深遠也罪孔子者謂無其位而託二百四十二年南面之權使亂臣賊子禁其欲而不得肆則戚矣是故春秋見諸行事非空言比也公好惡則發乎詩之情酌古今則貫乎書之事興常典則體乎禮之經本忠恕則導乎樂之和著權制則盡乎易之變百王之法度萬世之準繩皆在此書故君子

以謂五經之有春秋猶法律之有斷例也學是經者信窮理之要矣不學是經而處大事決大疑能不惑者鮮矣自先聖門人以文學名科如游夏尚不能贊一辭蓋立義之精如此去聖既遠欲因遺經窺測聖人之用豈易能乎然世有先後人心之所同然一爾苟得其所同然者雖越宇宙若見聖人親炙之也而春秋之權度在我矣近世推隆王氏新說按爲國是獨於春秋貢舉不以取士庠序不以設官經筵不以進讀斷國論者無所折衷天

下不知所適人欲日長天理日消其効使夷狄亂華莫之遏也噫至此極矣仲尼親手筆削撥亂反正之書亦可以行矣天縱聖學崇信是經乃於斯時奉承詔旨輙不自揆謹述所聞爲之說以獻雖微辭奥義或未貫通然尊君父討亂賊闢邪說正人心用夏變夷大法略具庶幾聖王經世之志小有補云

滙古菁華卷七終

滙古菁華 六

滙古菁華卷八

國語

周

祭公謀父諫征犬戎

穆王將征犬戎祭音寨公謀父諫曰不可先王耀德不觀兵夫兵戢而時動動則威觀則玩玩則無震是故周文公之頌曰載戢干戈載櫜弓矢我求懿德肆于時夏允王保之先王之於民也茂正其德而厚其性阜其財求而利其器用明利害之鄉以

文修之使務利而避害懷德而畏威故能保世以滋大昔我先世后稷以服事虞夏及夏之衰也棄稷弗務我先王不窋音竹用失其官而自竄于戎翟之間不敢怠業時序其德纂修其緒修其訓典朝夕恪勤守以惇篤奉以忠信奕世載德不忝前人至于武王昭前之光明而加之以慈和事神保民莫不欣喜商王帝辛大惡於民庶民弗忍欣戴武王以致戎于牧是先王非務武也勤恤民隱而除其害也夫先王之制邦內甸服邦外侯服侯衛賓

服蠻夷要服戎翟荒服甸服者祭侯服者祀賓服者享要服者貢荒服者王日祭月祀時享歲貢終王先王之訓也有不祭則修意有不祀則修言有不享則修文有不貢則修名有不王則修德序成而有不至則修刑於是乎有刑不祭伐不祀征不享讓不貢告不王於是乎有刑罰之辟有攻伐之兵有征討之備有威讓之令有文告之辭布令陳辭而又不至則又增修於德無勤民於遠是以近無不聽遠無不服今自大畢伯仕之終也犬戎氏

以其職來王天子曰予必以不享征之且觀之兵其無乃廢先王之訓而王幾頓乎吾聞夫犬戎樹惇能帥舊德而守終純固其有以禦我矣王不聽遂征之得四百狼四百鹿以歸自是荒服者不至

召虎諫監謗

厲王虐國人謗王召公告王曰民不堪命矣王怒得衛巫使監謗者以告則殺之國人莫敢言道路以目王喜告召公曰吾能弭謗矣乃不敢言召公曰是鄣之也防民之口甚於防川川壅而潰傷人

必多民亦如之是故為川者決之使導為民者宣之使言故天子聽政使公卿至於列士獻詩瞽獻典史獻書師箴瞍（音膄）賦矇誦百工諫庶人傳語近臣盡規親戚補察瞽史教誨耆艾修之而後王斟酌焉是以事行而不悖民之有口也猶土之有山川也財用於是乎出猶其有原隰（音習）衍沃也衣食於是乎生口之宣言也善敗於是乎興行善而備敗所以阜財用衣食者也夫民慮之於心而宣之於口成而行之胡可壅也若壅其口其與能幾何

王弗聽於是國人莫敢出言三年乃流王於彘

芮良夫知厲王敗

厲王說榮夷公芮良夫曰王室其將卑乎夫榮公好專利而不知大難夫利百物之所生也天地之所載也而或專之其害多矣天地百物皆將取焉胡可專也所怒甚多而不備大難以是教王王能久乎夫王人者將導利而布之上下者也使神人百物無不得其極猶日怵惕懼怨之來也故頌曰思文后稷克配彼天立我烝民莫匪爾極大雅曰

陳錫載周是不布利而懼難乎故能載周以至于
今今王學專利其可乎匹夫專利猶謂之盜王而
行之其歸鮮矣榮公若用周必敗既榮公爲卿士
諸侯不享王流于彘

虢文公諫不籍田

宣王即位不籍千畝虢文公諫曰不可夫民之大
事在農上帝之粢盛於是乎出民之蕃庶於是乎
生事之共給於是乎在和協輯睦於是乎興財用
蕃殖於是乎始敦龐純固於是乎成是故稷爲大

官古者大史順時覛音覓土陽癉音旦憤盈土氣震發
農祥晨正日月底于天廟土乃脉發先時九日大
史告稷曰自今至于初吉陽氣俱烝土膏其動弗
震弗渝脉其滿眚穀乃不殖稷以告王曰史帥陽
官以命我司事曰距今九日土其俱動王其祗祓
監農不易王乃使司徒咸戒公卿百吏庶民司空
除壇于藉命農大夫咸戒農用先時五日瞽告有
協風至王即齋宮百官御事各即其齋三日王乃
淳濯饗醴及期鬱人薦鬯犧人薦醴王祼鬯饗醴

乃行百吏庶民畢從及藉后稷監之膳夫農正陳藉禮大史贊王王敬從之王耕一墢[音鉢]班三之庶人終于千畝其后稷省功大史監之司徒省民大師監之畢宰夫陳饗膳宰監之膳夫贊王王歆太牢班嘗之庶人終食是日也瞽帥音官以省風土廩于藉東南鍾而藏之而時布之于農稷則徧戒百姓紀農協功曰陰陽分布震雷出滯土不備墾辟在司寇乃命其旅曰徇農師一之農正再之后稷三之司空四之司徒五之大保六之大師七之

大史八之宗伯九之王則大徇耨穫亦如之民用莫不震動恪恭于農修其疆畔日服其鎛不懈于時財用不乏民用和同是時也王事唯農是務無有求利於其官以干農功三時務農而一時講武故征則有威守則有財若是乃能媚于神而和於民矣則享祀時至而布施優裕也今天子欲修先王之緒而棄其大功匱神之祀而困民之財將何以求福用民王弗聽

襄王拒晉文請隧

晉文公定襄王于郟王勞之以地辭請隧音遂焉王弗許曰昔我先王之有天下也規方千里以爲甸服以供上帝山川百神之祀以備百姓兆民之用以待不庭不虞之患其餘以均分公侯伯子男使各有寧宇以順及天地無逢其災害先王豈有賴焉內官不過九御外官不過九品足以供給神祇而已豈敢厭縱其耳目心腹以亂百度亦唯是死生之服物采章以臨長百姓而經重布之王何異之有今天降禍災於周室余一人僅亦守府又不

佞以勤叔父而班先王之大物以賞私德其叔父實應且憎以非余一人余一人豈敢有愛也先民有言曰改玉改行叔父若能光裕大德更姓改物以創制天下自顯庸也而縮取備物以鎮撫百姓余一人其流辟於裔土何辭之與有若由是姬姓也尚將列爲公侯以復先王之職大物其未可改也叔父其茂昭明德物將自至余敢以私勞變前之大章以忝天下其若先王與百姓何何政令之爲也若不然叔父有地而隧焉余安能知之文公

遂不敢請受地而還

定王饗士會殽烝

晉侯使隨會聘于周定王饗之殽烝原公相禮范子私於原公曰吾聞王室之禮無毁折今此何禮也王見其語也召原公而問之原公以告王召士季曰子弗聞乎禘郊之事則有全烝王公立飫則有房烝親戚宴饗則有殽烝今女非它也而叔父使士季實來修舊德以奬王室唯是先王之宴禮欲以貽女余一人敢設飫禘焉忠非親禮而干舊

職以亂前好且唯夫戎翟則有體薦夫戎翟冒沒輕儳音讒貪而不讓其血氣不治若禽獸焉其適來班貢不俟馨香嘉味故坐諸門外而使舌人體委與之女今我王室之一二兄弟以時相見將龢協典禮以示民訓則無亦擇其柔嘉選其馨香潔其酒醴品其百籩修其簠簋奉其犧象出其尊彞陳其鼎俎靜其巾冪敬其祓除體解節折而供飲食之於是乎有折俎加豆酬幣宴貨以示容合好胡有孑然其效戎翟也夫王公諸侯之有飫也將以

講事成章建大德昭大物也故立成禮烝而已飫以顯物宴以合好歲飫不倦時宴不淫月會旬修日完不忘服物昭庸采飾顯明文章比象周旋序順容貌有崇威儀有則五味實氣五色精心五聲昭德五義紀宜飲食可饗和同可觀財用可嘉則順而建德古之善禮者將焉用全烝武子遂不敢對而退歸乃講聚三代之典禮於是乎修執秩以為晉法

單子知陳亡

定王使單襄公聘于宋遂假道于陳以聘于楚火朝覿矣道茀不可行也候不在疆司空不視塗澤不陂川不梁野有庾積場功未畢道無列樹墾田若蓺膳宰不致餼司里不授館國無寄寓縣無施舍民將築臺于夏氏及陳陳靈公與孔寧儀行父南冠以如夏氏留賓弗見單子歸告王曰陳侯不有大咎國必亡王曰何故對曰夫辰角見而雨畢天根見而水涸本見而草木節解駟見而隕霜火見而清風戒寒故先王之教曰雨畢而除道水涸

而成梁草木節解而備藏隕霜而冬裘具清風至而修城郭宮室故夏令曰九月除道十月成梁其時儆曰收而場功偫(音治)而畚(音本)挶(音局)營室之中土功其始火之初見期於司里此先王之所以不用財賄而廣施德於天下者也今陳國火朝覿矣而道路若塞野場若棄澤不陂障川無舟梁是廢先王之教也周制有之曰列樹以表道立鄙食以守路國有郊牧畺(音姜)有寓望藪有圃草囿有林池所以禦災也其餘無非穀土民無縣耜野無奧草不

奪民時不蔑民功有優無匱有逸無罷國有班事縣有序民今陳國道路不可知田在草間功成而不收民罷於逸樂是棄先王之法制者也周之秩官有之曰敵國賓至關尹以告行理以節逆之候人為導卿出郊勞門尹除門宗祝執祀司里授館司徒具徒司空視塗司寇詰姦虞人入材甸人積薪火師監燎水師監濯膳宰致饔廩人獻餼司馬陳芻工人展車百官各以物至賓入如歸是故小大莫不懷愛其貴國之賓至則以班加一等益虔

至于王使則皆官正涖事上卿監之若王巡守則君親監之今雖朝也不才有分族於周承王命以爲過賓於陳而司事莫至是蔑先王之官也先王之令有之曰天道賞善而罰淫故凡我造國無從非彝無即慆淫各守爾典以承天休今陳侯不念胤續之常弃其伉儷妃嬪而帥其卿佐以淫於夏氏不亦瀆姓矣乎陳我大姬之後也弃袞冕而南冠以出不亦簡彝乎是又犯先王之令也昔先王之教茂帥其德也猶恐隕越若廢其教而弃其制

蔑其官而犯其令將何以守國居大國之間而無此四者其能久乎六年單子如楚八年陳侯殺于夏氏九年楚子入陳

劉康公料魯卿休咎

定王八年使劉康公聘于魯發幣于大夫季文子孟獻子皆儉叔孫宣子東門子家皆侈歸王問魯大夫孰賢對曰季孟其長處魯乎叔孫東門其亡乎若家不亡身必不免王曰何故對曰臣聞之為臣必臣為君必君寬肅宣惠君也敬恪恭儉臣也

寛所以保本也肅所以濟時也宣所以教施也惠所以和民也本有保則必固時動而濟則無敗功教施而宣則徧惠以和民則阜若本固而功成施徧而民阜乃可以長保民矣其何事不徹敬所以承命也恪所以守業也恭所以給事也儉所以足用也以敬承命則不違以恪守業則不懈以恭給事則寛於死以儉足用則遠于憂若承命不違守業不懈寛於死而遠於憂則可以上下無隙矣其何任不堪上任事而徹下能堪其任所以爲令聞

長世也今夫二子者儉其能足用矣用足則族可以庇二子者侈侈則不恤匱匱而不恤憂必及之若是則必廣其身且夫人臣而侈國家弗堪亡之道也王曰幾何對曰東門之位不若叔孫而泰侈焉不可以事二君叔孫之位不若季孟而亦泰侈焉不可以事三君若皆蚤世猶可若登年以載其毒必亡十六年魯宣公卒赴者未及東門氏來告亂子家奔齊簡王十一年魯叔孫宣伯亦奔齊成公未沒二年

單子物色晉悼公

晉孫談之子周適周事單襄公立無跛視無還聽無聳言無遠言敬必及天言忠必及意言信必及身言仁必及人言義必及利言知必及事言勇必及制言教必及辯言孝必及神言惠必及龢言讓必及敵晉國有憂未嘗不戚有慶未嘗不怡襄公有疾召頃公而告之曰必善晉周將得晉國其行也文能文則得天地天地所胙小而後國夫敬文之恭也忠文之實也信文之孚也仁文之愛也義

文之制也知文之輿也勇文之帥也教文之施也孝文之本也惠文之慈也讓文之材也象天能敬帥意能忠思身能信愛人能仁利制能義事建能知帥義能勇施辯能教昭神能孝慈和能惠推敵能讓此十一者夫子皆有焉天六地五數之常也經之以天緯之以地經緯不爽文之象也文王質文故天胙之以天下夫子被文矣其昭穆又近可以得國且夫立無跛正也視無還端也聽無聳成也言無遠慎也夫正德之道也端德之信也成德

之終也慎德之守也守終純固道正事信明令德矣愼成端正德之相也爲晉休戚不背本也被文相德非國何取

世子晉諫壅川

穀洛鬬將毀王宮王欲壅之太子晉諫曰不可晉聞古之長民者不墮山不崇藪不防川不竇澤夫山土之聚也藪物之歸也川氣之導也澤水之鍾也夫天地成而聚於高歸物於下疏爲川谷以導其氣陂唐汚庳以鍾其美是故聚不陁〔音致〕崩而物

有所歸氣不沈滯而亦不散越是以民生有財用而死有所葬然則無夭昏札瘥（音釵）之憂而無饑寒乏匱之患故上下能相固以待不虞古之聖王唯此之慎昔共工棄此道也虞于湛樂淫失其身欲壅防百川墮高堙（音因）庳（音卑）以害天下皇天弗福庶民弗助禍亂並興共工用滅其在有虞有崈（音崇）伯鯀播其淫心稱遂共工之過堯用殛之于羽山其後伯禹念前之非度釐改制量象物天地比類百則儀之于民而度之以群生共之從孫四岳佐之

高高下下䟽川道滯鍾水豐物封崇九山決汨九
川陂障九澤豐殖九藪汨越九原宅居九隩音域合
通四海故天無伏陰地無散陽水無沈氣火無災
燀音嘽神無間行民無浮心時無逆數物無害生帥
象禹之功度之于軌儀莫非嘉績克厭帝心皇天
嘉之胙以天下賜姓曰姒氏曰有夏謂其能以嘉
祉殷富生物也胙四岳國命爲侯伯賜姓曰姜氏
曰有呂謂其能爲禹股肱心膂以養物豐民人也
此一王四伯豈繄多寵皆亡王之後唯能釐舉嘉

義以有胤在下守祀不替其典有夏雖衰杞鄫猶在申呂雖衰齊許猶在唯有嘉功以命姓受祀迄于天下及其失之也必有慆淫之心間之故亡其氏姓踣百仆二音斃不振絕後無主湮替隸圉夫亡者豈繄無寵皆黃炎之後也唯不帥天地之度不順四時之序不度民神之義不儀生物之則以殄滅無胤至于今不祀及其得之也必有忠信之心間之度於天地而順于時動和於民神而儀於物則故高朗令終顯融昭明命姓受氏而附之以令名

若啓先王之遺訓省其典圖刑法而觀其廢興者皆可知也其興者必有夏禹之功焉其廢者必有共鯀之敗焉今吾執政無乃實有所避而滑夫二川之神使至於爭明以妨王宮王而飾之無乃不可乎人有言曰無過亂人之門又曰佐雝者嘗焉佐鬬者傷焉又曰禍不好不能爲禍詩曰四牡騤騤音奎旟旐有翩亂生不夷靡國不泯又曰民之貪亂寧爲荼毒夫見亂而不惕所殘必多其飾彌章民有怨亂猶不可遏而況神乎王將防鬬川以飾

宮是飾亂而佐鬬也其無乃章禍且遇傷乎自我先王厲宣幽平而貪天禍至於今未弭我又章之懼長及子孫王室其逾卑乎其若之何自后稷以來寧亂及文武成康而僅克安民自后稷之始基靖民十五王而文始平之十八王而康克安之其難也如是厲始革典十四王矣基德十五而始平基禍十五其不濟乎吾朝夕儆懼曰其何德之修而少光王室以逆天休王又章輔禍亂將何以堪之王無亦鑒于黎苗之王下及夏商之季上不象

天而下不儀地中不和民而方不順時不共神祇而蔑棄五則是以人夷其宗廟而火焚其彝器子孫爲隸下夷於民而亦未觀夫前哲令德之則則此五者而受天之豐福饗民之勳力子孫豐厚令聞不忘是皆天子之所知也天所崇之子孫或在畎畝由欲亂民也畎畝之人或在社稷由欲靖民也無有異焉詩曰殷鑒不遠近在夏后之世將焉用飾宮以徼亂也度之天神則非祥也比之地物則非義也類之民則則非仁也方之時動則非順

也咨之前訓則非正也觀之詩書與民之憲言皆亡王之爲也上下儀之無所比度王其圖之夫事大不從象小不從文上非天刑下非地德中非民則方非時動而作之者必不節矣作又不節害之道也王卒壅之

單旗諫鑄銭

景王将鑄大銭單穆公曰不可古者天災降戾於是乎量資幣權輕重以振救民民患輕則爲之作重幣以行之於是乎有母權子而行民皆得焉若

不堪重則多作輕而行之亦不廢重於是乎有子權母而行小大利之今王廢輕而作重民失其資能無匱乎若匱王用將有所乏乏則將厚取於民民不給將有遠志是離民也且夫備有未至而設之有至而後救之是不相入也可先而不備謂之怠可後而先之謂之召災周固羸國也天未厭禍焉而又離民以佐災無乃不可乎將民之與處而離之將災是備禦而召之則何以經國國無經何以出令令之不從上之患也故聖人樹德於民以

除之夏書有之曰關石和鈞王府則有詩亦有之曰瞻彼旱麓榛楛音戶濟濟愷悌君子干祿愷悌夫旱麓之榛楛殖故君子得以易樂干祿焉若夫山林匱竭林麓散亡藪澤肆既民力彫盡田疇荒蕪資用乏匱君子將險哀之不暇而何易樂之有焉且絕民用以實王府猶塞川原而為潢汚也其竭也無日矣若民離而財匱災至而備亡王其若之何吾周官之於災備也其所怠棄者多矣而又奪之資以益其災是去其藏而翳其人也王其圖之

王弗聽卒鑄大錢

單旗諫鑄鐘

王将鑄無射而爲之大林單穆公曰不可作重幣以絶民資又鑄大鐘以鮮其繼若積聚既喪又鮮其繼生何以殖且夫鐘不過以動聲若無射有林耳不及也夫鐘聲以爲耳也耳所不及非鐘聲也猶目所不見不可以爲目也夫目之察度也不過步武尺寸之間其察色也不過墨丈尋常之間耳之察和也在清濁之間其察清濁也不過一人之

所勝是故先王之制鐘也大不出鈞重不過石律
度量衡於是乎生小大器用於是乎出故聖人慎
之今王作鐘也聽之弗及比之不度鐘聲不可以
知和制度不可以出節無益於樂而鮮民財將焉
用之夫樂不過以聽耳而美不過以觀目若聽樂
而震觀美而眩患莫甚焉夫耳目心之樞機也故
必聽和而視正聽和則聰視正則明聰則言聽明
則德昭聽言昭德則能思慮純固以言德於民民
歆而德之則歸心焉上德民心以殖義方是以作

無不濟求無不獲然則能樂夫耳內和聲而口出美言以爲憲令而布諸民正之以度量民以心力從之不倦成事不貳樂之至也口內味而耳內聲聲味生氣氣在口爲言在目爲明言以信名明以時動名以成政動以殖生政成生殖樂之至也若視聽不和而有震眩則味入不精不精則氣佚氣佚則不和於是乎有狂悖之言有眩惑之明有轉易之名有過慝之度出令不信刑政放紛動不順時民無據依不知所力各有離心上失其民作則

不濟求則不獲其何以能樂三年之中而有離民之器二焉國其危哉王弗聽卒鑄大鐘

伶州鳩論鑄鐘

王將鑄無射而爲之大林問之伶州鳩對曰臣之守官弗及也臣聞之琴瑟尚宮鐘尚羽石尚角匏竹利制大不踰宮細不過羽夫宮音之主也第以及羽聖人保樂而愛財財以備器樂以殖財故樂器重者從細輕者從大是以金尚羽石尚角瓦絲尚宮匏竹尚議革木一聲夫政象樂樂從和和從

平聲以和樂律以平聲金石以動之絲竹以行之詩以道之歌以詠之匏以宣之瓦以贊之革木以節之物得其常曰樂極極之所集曰聲聲應相保曰和細大不踰曰平如是而鑄之金磨之石繫之絲木越之匏竹節之鼓而行之以遂八風於是乎氣無滯陰亦無散陽陰陽序次風雨時至嘉生繁祉人民和利物備而樂成上下不罷皮寄故曰樂正今細過其主妨於正用物過度妨於財正害財匱妨於樂細抑大陵不容於耳非和也聽聲越遠非

平也妨正匱財聲不和平非宗官之所司也夫有和平之聲則有蕃殖之財於是乎導之以中德詠之以中音德音不愆以合神人神是以寧民是以聽若夫匱財用罷(音皮)民力以逞淫心聽之不和比之不度無益於教而離民怒神非臣之所聞也

魯

匠師慶諫丹楹刻桷

莊公丹桓宮之楹而刻其桷匠師慶言於公曰臣聞聖王公之先封者遺後之人法使無陷於惡其

爲後世昭前之令聞也使長監於世故能攝固不解以久今先君儉而君侈之令德替矣公曰吾屬欲美之對曰無益於君而替前之令德臣故曰庶可以已乎公弗聽

臧孫辰告糴于齊

魯饑臧文仲言於嚴公曰夫爲四鄰之援結諸侯之信重之以婚姻申之以盟誓固國之艱急是爲鑄名器藏寶財固民之殄病是待今國病矣君盍以名器請糴于齊公曰誰使對曰國有饑饉卿出

告糴古之制也辰也備卿辰請如齊公使往從者曰君不命吾子吾子請之其爲選事乎文仲曰賢者急病而讓夷居官者當事不避難在位者恤民之患是以國家無違今我不如齊非急病也在上不恤下居官而惰非事君也文仲以鬯圭與玉磬如齊告糴曰天災流行戾于敝邑饑饉荐降民羸幾卒大懼殄周公大公之命祀職貢業事之不共而獲戾不腆先君之敝器敢告滯積以紓執事以救敝邑能使共職豈唯寡君與二三臣實受君賜

具周公太公及百辟神祇實永饗而賴之齊人歸其玉而予之羅

展禽論祀典

海鳥曰爰居止於魯東門之外三日臧文仲使國人祭之展禽曰越哉臧孫之爲政也夫祀國之大節也而節政之所成也故愼制祀以爲國典今無故而加典非政之宜也夫聖王之制祀也法施於民則祀之以死勤事則祀之以勞定國則祀之能禦大災則祀之能扞大患則祀之非是族也不在

祀典昔烈山氏之有天下也其子曰柱能殖百穀百蔬夏之興也周棄繼之故祀以爲稷共工氏之伯九有也其子曰后土能平九土故祀以爲社黃帝能成命百物以明民共財顓頊能修之帝嚳能序三辰以固民堯能單均刑法以儀民舜勤民事而野死鯀鄣洪水而殛死禹能以德修鯀之功契爲司徒而民輯冥勤其官而水死湯以寬治民而除其邪稷勤百穀而山死文王以文昭武王去民之穢故有虞氏禘黃帝而祖顓頊郊堯而宗舜夏

后氏禘黃帝而祖顓頊郊鯀而宗禹商人禘舜而祖契郊冥而宗湯周人禘嚳而郊稷祖文王而宗武王幕能帥顓頊者也有虞氏報焉杼能帥禹者也夏后氏報焉上甲微能帥契者也商人報焉高圉大王能帥稷者也周人報焉凡禘郊宗祖報此五者國之祀典也加之以社稷山川之神皆有功烈於民者也及前哲令德之人所以爲明質也及天之三辰民所以瞻仰也及地之五行所以生殖也及九州名山川澤所以出財用也非是不在祀

典今海鳥至已不知而祀之以爲國典難以爲仁且智矣夫仁者講功而智者處物無功而祀之非仁也不知而不問非智也今茲海其有災乎夫廣川之鳥獸恒知而避其災也是歲也海多大風冬煖文仲聞柳下季之言曰信吾過也季子之言不可不法也使書以爲三筴

　里革斷罟匡君

宣公夏濫於泗淵里革斷其罟而棄之曰古者大寒降土蟄發水虞於是乎講罛音孫罶音柳取名魚登

川禽而嘗之寢廟行諸國人助宣氣也鳥獸孕水
蟲成獸虞於是乎禁罝(音嗟)羅矠(音策)魚鼈以爲夏犒
助生阜也鳥獸成水蟲孕水虞於是乎禁罝麗(音鹿)
設穽鄂以實廟庖畜功用也且夫山不槎蘖澤不
伐夭魚禁鯤鮞(音而)獸長麑麌(音夭)鳥翼鷇(音鷇)卵蟲舍
蚳(音池)蝝(音緣)蕃庶物也古之訓也今魚方別孕不教
魚長又行網罟貪無藝也公聞之曰吾過而里革
匡我不亦善乎是良罟也爲我得法使有司藏之
使吾無忘諗師存侍曰藏罟不如寘里革於側之

不忘也

季文子以德榮

季文子相宣成無衣帛之妾無食粟之馬仲孫它諫曰子爲魯上卿相二君矣妾不衣帛馬不食粟人其以子爲愛且不華國乎文子曰吾亦願之然吾觀國人其父兄之食粗而衣惡者猶多矣吾是以不敢人之父兄食粗衣惡而我美妾與馬無乃非相人者乎且吾聞以德榮爲國華不聞以妾與馬文子以告孟獻子獻子囚之七日自是子服之

妾衣不過七升之布馬餼不過稂莠文子聞之曰過而能改者民之上也使爲上大夫

敬姜教子一勞

公父文伯退朝朝其母其母方績文伯曰以歜（音獨）之家而主猶績懼干季孫之怒也其以歜爲不能事主乎其母嘆曰魯其亡乎使僮子備官而未之聞耶居吾語女昔聖王之處民也擇瘠土而處之勞其民而用之故長王天下夫民勞則思思則善心生逸則淫淫則忘善忘善則惡心生沃土之民

不材淫也瘠土之民莫不嚮義勞也是故天子大采朝日與三公九卿祖識地德日中考政與百官之政事師尹惟旅牧相宣序民事少采夕月與太史司載糾虔天刑日入監九御使潔奉禘郊之粢盛而後即安諸侯朝修天子之業命晝考其國職夕省其典刑夜儆百工使無慆淫而後即安卿大夫朝考其職晝講其庶政夕序其業夜庀音庇其家事而後即安士朝而受業晝而講貫夕而習復夜而計過無憾而後即安自庶人以下明而動晦而

休無日以怠王后親織玄紞公侯之夫人加之以紘綖卿之內子為大帶命婦成祭服列士之妻加之以朝服自庶士以下皆衣其夫社而賦事烝而獻功男女效績愆則有辟古之制也君子勞心小人勞力先王之訓也自上而下誰敢淫心舍力今我寡也爾又在下位朝夕處事猶恐忘先人之業況有怠惰其何以避辟吾冀而朝夕修我曰必無廢先人爾今曰胡不自安以是承君之官余懼穆伯之絕祀也仲尼聞之曰弟子志之季氏之婦不

淫矣

孔子不欲加賦

季康子欲以田賦使冉有訪諸仲尼仲尼不對私於冉有曰求來汝不聞乎先王制土籍田以力而砥其遠邇賦里以入而量其有無任力以夫而議其老幼於是乎有鰥寡孤疾有軍旅之出則徵之無則已其歲收田一井出稯音宗禾秉芻缶米不過是也先王以爲足君子之行也度於禮施取其厚事舉其中斂從其薄如是則以丘亦足矣若不度

於禮而貪冒無厭則雖以田賦將又不足且子季孫若欲行而法則周公之典在若欲苟而行又何訪焉弗聽

齊

管仲論政

管仲至桓公親逆之于郊而與之坐問焉曰昔吾先君襄公築臺以爲高位田狩畢弋不聽國政卑聖侮士而唯女是崇九妃六嬪陳妾數百食必梁肉衣必文繡戎士凍餒戎車待游車之裂音列戎士

待陳妾之餘優笑在前賢材在後是以國家不日引不月長恐宗廟之不掃除社稷之不血食敢問爲此若何管子對曰昔吾先王昭王穆王世法文武遠績以成名合群叟比校民之有道者設象以爲民紀式權以相應比綴以度竱音轉本肇末勸之以賞賜糾之以刑罰班序顛毛以爲民紀統桓公曰爲之若何管子對曰昔者聖王之治天下也參其國而伍其鄙定民之居成民之事陵爲之終而愼用其六柄焉桓公曰成民之事若何管子對曰

四民者勿使雜處雜處則其言哤音忙其事易桓公
曰處士農工商若何管子對曰昔聖王之處士也
使就閒燕處工就官府處商就市井處農就田野
今夫士群萃而州處閒燕則父與父言義子與子
言孝其事君者言敬其幼者言悌少而習焉其心
安焉不見異物而遷焉是故其父兄之教不肅而
成其子弟之學不勞而能夫是故士之子恒爲士
今夫工群萃而州處審其四時辨其功苦權節其
用論比協材旦莫從事施於四方以飭其子弟相

語以事相示以巧相陳以功少而習焉其心安焉不見異物而遷焉是故其父兄之教不肅而成其子弟之學不勞而能夫是故工之子恒爲工今夫商群萃而州處察其四時而監其鄉之資以知其市之賈負任擔荷服牛軺馬以周四方以其所有易其所無市賤鬻貴旦暮從事於此以飭其子弟相語以利相示以賴相陳以知賈少而習焉其心安焉不見異物而遷焉是故其父兄之教不肅而成其子弟之學不勞而能夫是故商之子恒爲商

今夫農群萃而州處察其四時權節其用耒耜枷芟及寒擊菒（音槁）除田以待時耕及耕深耕而疾耰之以待時雨時雨既至挾其槍（音鎗）刈耨鎛（音博）以旦莫從事於田野脫衣就功首戴茅蒲身衣襏（音鉢）襫（音什）霑體塗足暴其髮膚盡其四肢之敏以從事於田野少而習焉其心安焉不見異物而遷焉是故其父兄之教不肅而成其子弟之學不勞而能夫是故農之子恒爲農野處而不暱其秀民之能爲士者必足賴也有司見而不以告其罪五有司已

於事而竣桓公曰定民之居若何管子對曰制國以爲二十一鄉桓公曰善管子於是制國以爲二十一鄉工商之鄉六士鄉十五公帥五鄉焉國子帥五鄉焉高子帥五鄉焉參國起案以爲三官臣立三宰工立三族市立三鄉澤立三虞山立三衡桓公曰伍鄙若何管子曰相地而衰征則民不移政不旅舊則民不偷山澤各致其時則民不苟陸阜陵墐井田疇均則民不憾無奪民時則百姓富犧牲不略則牛羊遂桓公曰定民之居若何管子

對曰制鄙三十家爲邑邑有司十邑爲卒卒有卒帥十卒爲鄉鄉有鄉帥三鄉爲縣縣有縣帥十縣爲屬屬有大夫五屬故立五大夫各使治一屬焉立五正各使聽一屬焉是故正之政聽屬牧政聽縣下政聽鄉桓公曰各保治爾所無或淫怠而不聽治者

晉

欒共子死節

武公伐翼殺哀侯止欒共子曰苟無死吾以子見

天子令子為上卿制晉國之政辭曰成聞之民生於三事之如一父生之師教之君食之非父不生非食不長非教不知生之族也故一事之唯其所在則致死焉報生以死報賜以力人之道也臣敢以私利廢人之道君何以訓矣且君知成之從也未知其待於曲沃也從君而貳君焉用之遂鬭而死

齊姜諫懷安

文公在翟十二年乃行適齊齊侯妻之甚善焉有

馬二十乘將死於齊而已矣曰民生安樂誰知其他桓公卒孝公即位諸侯畔齊子犯知齊之不可以動而知文公之安齊而有終焉之志也欲行而患之與從者謀於桑下蠶妾在焉莫知其在也妾告姜氏姜氏殺之而言於公子曰從者將以子行其聞之者吾已除之矣子必從之不可以貳貳無成命詩曰上帝臨汝無貳爾心先王其知之矣貳將可乎子去晉難而極於此自子之行晉無寧歲民無成君天未喪晉無異公子有晉國者非子而

誰子其勉之上帝臨子矣貳必有咎公子曰吾不
動矣必死於此姜曰不然周詩曰莘莘征夫每懷
靡及夙夜征行不遑啓處猶懼無及况其順身縱
欲懷安将何及矣人不求及其能及乎日月不處
人誰獲安西方之書有之曰懷與安實疚大事鄭
詩云仲可懷也人之多言亦可畏也昔管敬仲有
言小妾聞之曰畏威如疾民之上也從懷如流民
之下也見懷思威民之中也畏威如疾乃能威民
威在民上弗畏有刑從懷如流去威遠矣故謂之

下其在辟也吾從中也鄭詩之言吾其從之此太夫管仲之所以紀綱齊國裨輔先君而成霸者也子而棄之不亦難乎齊國之政敗矣晉之無道久矣從者之謀忠矣時日及矣公子幾矣君國可以濟百姓而釋之者非人也敗不可處時不可失忠不可棄懷不可從子必速行吾聞晉之始封也歲在大火閼伯之星也實紀商人商之饗國三十一王瞽史之記曰唐叔之世將如商數今未半也亂不長世公子唯子子必有晉若何懷安弗聽姜與

子犯謀醉而載之以行

子餘善答秦賦

秦伯將饗公子公子使子犯從子犯曰吾不如衰之文也請使衰從乃使子餘從秦伯饗公子如饗國君之禮子餘相如賓卒事秦伯謂其大夫曰爲禮而不終耻也中不勝貌耻也華而不實耻也不度而施耻也施而不濟耻也耻而不閉不可以封非此用師則無所矣二三子敬乎明日燕秦伯賦采菽子餘使公子降拜秦伯降辭子餘曰君以天

子之命服命重耳重耳敢有安志敢不降拜成拜卒登子餘使公子賦黍苗子餘曰重耳之卬仰音君也若黍苗之卬陰雨也若君實庇蔭膏澤之使能成嘉穀薦在宗廟君之力也君若昭先君之榮東行濟河整師以復彊周室重耳之望也重耳若獲集德而歸載使主晉民成封國其何實不從君若恣志以用重耳四方諸侯其誰不惕惕以從君命秦伯嘆曰是子將有焉豈專在寡人乎秦伯賦鳩飛公子賦河水秦伯賦六月子餘使公子降拜秦

伯降辭子餘曰君稱所以佐天子匡王國者以命重耳重耳敢有惰心敢不從聽

郭偃論治

文公問於郭偃曰始也吾以國爲易今也難對曰君以爲易其難也將至矣君以爲難其易也將至矣

胥臣論教

文公問於胥臣曰吾欲使陽處父傅讙也而教誨之其能善之乎對曰是在讙也籧篨不可使俛戚

施不可使仰僬（樵醮二音）僥（堯交二音）不可使舉侏儒不可使援矇瞍不可使視嚚瘖不可使言聾聵不可使聽僮昏不可使謀質將善而賢良贊之則濟可竢也若有違質教將不入其何善之爲臣聞昔者大任娠文王不變少溲（音搜）于豕牢而得文王不加病焉文王在母不憂在傅弗勤處師弗煩事王不怒孝友二虢而惠慈二蔡刑于大姒比于諸弟詩曰刑于寡妻至于兄弟以御于家邦於是乎用四方之賢良及其即位也詢于八虞而咨于二虢度于

閎夭而謀于南宮諏於蔡原而訪於辛尹重之以周召畢榮億寧百神而柔和萬民故詩曰惠于宗公神罔時恫是則文王非專教誨之力也公曰然則教無益乎對曰胡爲文益其質故人生而學非學不入公曰奈夫八疾何對曰官師之所材也戚施直鎛（音傳）蘧篨蒙璆（音球）侏儒扶廬矇瞍修聲聾聵司火僮昏嚚瘖僬僥官師所不材也以實裔土夫教者因體能質而利之者也若川然有原以卬（音仰）浦而後大

諸大夫勉趙文子
趙文子冠見欒武子武子曰美哉昔吾逮事莊主
華則榮矣實之不知請務實乎見中行宣子宣子
曰美哉惜也吾老矣見范文子文子曰而今可以
戒矣夫賢者寵至而益戒不足者爲寵驕故興王
賞諫臣逸王罰之吾聞古之王者政德既成又聽
於民於是乎使工誦諫於朝在列者獻詩使勿兜
風聽臚言於市辨妖祥於謠考百事於朝問謗譽
於路有邪而正之盡戒之術也先王疾是驕也見

郤駒伯駒伯曰美哉然而壯不若老者多矣見韓獻子獻子曰戒之此謂成人成人在始與善始與善善進善不善蔑由至矣始與不善不善進不善善亦蔑由至矣如草木之產也各以其物人之有冠猶宮室之有牆屋也糞除而巳何又加焉見知武子武子曰吾子勉之成宣之後而老爲大夫非耻乎成子之文宣子之忠其可忘乎夫成子道前志以佐先君道法而卒以政可不謂文乎夫宣子盡諫於襄靈以諫取惡不憚死進也可不謂忠乎

吾子勉之有宣子之忠而納之以成子之文事君必濟見苦成叔子叔子曰抑年少而執官者衆吾安容子見溫季子季子曰誰之不如可以求乎見張老而語之張老曰善矣從欒伯之言可以滋范叔之教可以大韓子之戒可以成物備矣志在子若夫三郤亡人之言也何稱述焉知子之道善矣是先生覆露子也

范文子不欲伐鄭

厲公將伐鄭范文子不欲曰若以吾意諸侯皆畔

則晉可爲也唯有諸侯故擾擾焉凡諸侯難之本也得鄭憂滋長安用鄭郤至曰然則王者多憂乎文子曰我王者也乎哉夫王者成其德而遠人以其方賄歸之故無憂今我寡德而求王者之功故多憂子見無土而欲富者樂乎哉伐鄭荆救之大夫欲戰范文子不欲曰吾聞君人者刑其民成而後振武於外是以内和而外威今吾司寇之刀鋸日弊而斧鉞不行内猶有不刑而況外乎夫戰刑也刑之過也過由大而怨由細故以惠誅怨以忍

去過細無怨而大不過而後可以武刑外之不服者今吾刑外乎大人而忍于小民将誰行武武不行而勝幸也幸以爲政必有內憂且唯聖人能無外患又無內憂距非聖人必偏而後可偏而在外猶可救也疾自中起是難盍姑釋荊與鄭以爲外患乎

祁奚薦其子

祁奚辭於軍尉公問焉曰孰可對曰臣之子午可人有言曰擇臣莫若君擇子莫若父午之少也婉

以從令游有鄉處有所好學而不戲其壯也彊志而用命守業而不淫其冠也和安而好敬柔惠小物而鎮定大事有直質而無流心非義不變非上不舉若臨大事其可以賢於臣也臣請薦所能擇而君比義焉公使祁午為軍尉沒平公軍無秕政

師曠論樂

平公說新聲師曠曰公室其將卑乎君之明兆於衰矣夫樂以開山川之風以耀德於廣遠也風德以廣之風山川以遠之風物以聽之修詩以詠之

修禮以節之夫德廣遠而有時節是以遠服而邇不遷

趙簡子戒子

趙簡子使尹鐸爲晉陽請曰以爲繭絲乎抑爲保障乎簡子曰保障哉尹鐸損其戶數簡子誡襄子曰晉國有難而無以尹鐸爲少無以晉陽爲遠必以爲歸晉陽之圍襄子出曰吾何走乎從者曰長子近且城厚完襄子曰罷民力以完之又斃以守之其誰與我從者曰邯鄲之倉庫實襄子曰浚民

之膏澤以實之又因而殺之其誰與我其晉陽乎先主之所屬也尹鐸之所寬也民必龢矣乃走晉陽晉師圍而灌之沈竈產鼃民無畔意

郵無正諫殺尹鐸

趙簡子使尹鐸爲晉陽曰必墮其壘培吾將往焉若見壘培是見寅與吉射也尹鐸往而增之簡子如晉陽見壘怒曰必殺鐸也而後入大夫辭之不可曰是昭余讎也郵無正進曰昔先主文子少釁於難從姬氏於公宮有孝德以出在公族有恭德

以升在位有武德以羞爲正卿有溫德以成其名譽失趙氏之典刑而去其師保基於其身以克復其所及景子長於公宮未及教訓而嗣立矣亦能纂修其身以受先業無謗於國順德以學子擇言以教子擇師保以相子今吾子嗣位有文之典刑有景之教訓重之以師保加之以父兄子皆疏之以及此難夫尹鐸曰思樂而喜思難而懼人之道也委土可以爲師保吾何爲不增是以修之庶曰可以鑑而鳩趙宗乎若罰之是罰善也罰善必賞

惡臣何望矣簡子說曰微子吾幾不爲人矣以免難之賞賞尹鐸

史黶匡趙簡子

趙簡子歎曰吾願得范中行（音杭）之良臣史黶侍曰將焉用之簡子曰良臣人之所願也又何問焉對曰臣以爲不良故也夫事君者諫過而賞善薦可而替不獻能而進賢擇才而薦之朝夕誦善敗而納之道之以文行之以順勤之以力致之以死聽則進不則退今范中行氏之臣不能匡相其君使

至於難君出在外又不能定而棄之則何良之爲若弗棄則主焉得之夫二子之良將勤營其君使復立於外死而後止何日以來若來乃非良臣也簡子曰善吾言實過矣

竇犨諭趙簡子

趙簡子歎曰雀入于海爲蛤雉入于淮爲蜃黿鼉魚鼈莫不能化唯人不能哀夫竇犨侍曰臣聞之君子哀無人不哀無賄哀無德不哀無寵哀名之不令不哀年之不登夫中行范氏不恤庶難而欲

擅晉國今其子孫將耕於齊宗廟之犧爲畎畆之勤人之化也何日之有

士茁懼室美

知襄子爲室美士茁音拙夕焉知伯曰室美夫對曰美則美矣抑臣亦有懼也知伯曰何懼對曰臣以秉筆事君志有之曰高山峻原不生草木松栢之地其土不肥今土木勝臣懼其不安人也室成三年而知氏亡

楚

申叔時論教太子

莊王使士亹傅太子箴辭曰臣不材無能益焉王曰賴子之善善之也對曰夫善在太子太子欲善善人將至若不欲善善則不用故堯有丹朱舜有商均啓有五觀湯有太甲文王有管蔡是五王者皆元德也而有姦子夫豈不欲其善不能故也若民煩可教訓蠻夷戎狄其不賓也久矣中國所不能用也王卒使傅之問於申叔時叔時曰教之春秋而爲之聳善而抑惡焉以戒勸其心教之世而

爲之昭明德而廢幽昏焉以休懼其動教之詩而爲之道廣顯德以耀明其志教之禮使知上下之則教之樂以疏其穢而鎮其浮教之令使訪物官教之語使明其德而知先王之務用明德于民也教之故志使知廢興者而戒懼焉教之訓典使知族類行比義焉若是而不從動而不悛則文詠物以行之求賢良以翼之悛而不攝則身勤之多訓典刑以納之務慎惇篤以固之攝而不徹則明施舍以道之忠明久長以道之信明度量以道之義

明等級以道之禮明恭儉以道之孝明敬戒以道之事明慈愛以道之仁明昭利以道之文明除害以道之武明精意以道之罰明正德以道之賞明齊肅以耀之臨若是而不濟不可爲也且夫誦詩以輔相之威儀以先後之體貌以左右之明行以宣翼之制節義以動行之恭敬以臨監之勤勉以勸之孝順以納之忠信以發之德音以揚之教備而不從者非人也其可興乎夫子踐位則退自退則敬不則赧

伍舉諫築章華臺

靈王爲章華之臺與伍舉升焉曰臺美夫對曰臣聞國君服寵以爲美安民以爲樂聽德以爲聰致遠以爲明不聞其以土木之崇高彤鏤爲美而以金石匏竹之昌大囂庶爲樂不聞其以觀大視侈淫色以爲明而以察清濁爲聰也先君莊王爲匏居之臺高不過望國氛大不過容宴豆木不妨守備用不煩官府民不廢時務官不易朝常問誰宴焉則宋公鄭伯問誰相禮則華元駟騑問誰贊事

則陳侯蔡侯許男頓子其大夫侍之先君是以除
亂克敵而無惡於諸侯今君爲此臺也國民罷音皮
焉財用盡焉年穀敗焉百官煩焉舉國留之數年
乃成願得諸侯與始升焉諸侯皆距無有至者而
後使太宰啓疆請於魯侯懼之以蜀之役而僅得
以來使富都那竪贊焉而使長鬣之士相焉臣不
知其美也夫美也者上下外內小大遠邇皆無害
焉故曰美若於目觀則美縮於財用則匱是聚民
利以自封而瘠民也胡美之爲夫君國者將民之

與處民實瘠矣君安得肥且夫私欲弘侈則德義
鮮少德義不行則邇者騷離而遠者距違天子之
貴也唯其以公侯爲官正而以伯子男爲師旅其
有美名也唯其施令德於遠近而小大安之也若
斂民利以成其私欲使民蒿焉忘其安樂而有遠
心其爲惡也甚矣安用目觀故先王之爲臺榭也
榭不過講軍實臺不過望氛祥故榭度於大卒之
居臺度於臨觀之高其所不奪穡地其爲不匱財
用其事不煩官業其日不廢時務瘠磽之地於是

乎爲之城守之木於是乎用之官寮之暇於是乎臨之四時之隙於是乎成之故周詩曰經始靈臺經之營之庶民攻之不日成之經始勿亟庶民子來夫爲臺榭将以教民利也不知其以匱之也若君謂此臺美而爲之正楚其殆矣

倚相儆子亹

左史倚相廷見申公子亹子亹不出左史謗之舉伯以告子亹怒而出曰女無亦謂我老耄而舍我而又謗我左史曰唯子老耄故欲見以交儆子若

子方壯能經營百事倚相將奔走承序於是不給而何暇得見昔衛武公年數九十有五矣猶箴儆於國曰自卿以下至于師長士苟在朝者無謂我老耄而舍我必恭恪於朝朝夕以交戒我聞一二之言必誦志而納之以訓道我在輿有旅賁之規位宁有官師之典倚几有誦訓之諫居寢有暬（音薛）御之箴臨事有瞽史之道宴居有師工之誦史不失書矇不失誦以訓御之於是乎作懿戒以自儆也及其沒也謂之叡（音睿）聖武公子實不叡聖於倚

相何害周書曰文王至于日中昃不皇暇食惠于小民唯正之供文王猶不敢惰今子老楚國而欲自安也以禦數戒者王將何爲若常如此楚其難哉子亹懼曰老之過也乃驟見左史

倚相止子期立妾

司馬子期欲以其妾爲內子訪之左史倚相曰吾有妾而愿欲笄之其可乎對曰昔先大夫子囊違王之命謚子夕嗜芰子木有羊饋而無芰薦君子曰違而道穀陽豎愛子反之勞也而獻飲焉以斃

於鄖芋尹申亥從靈王之欲以隕於乾谿君子曰從而逆君子之行欲其道也故進退周旋唯道是從夫子木能違若敖之欲以之道而去芰薦吾子經楚國而欲薦芰以干之其可乎子期乃止

觀射父論重黎

昭王問於觀射父曰周書所謂重黎實使天地不通者何也若無然民將能登天乎對曰非此之謂也古者民神不雜民之精爽不攜貳者而又能齊肅衷正其知能上下比義其聖能光遠宣朗其明

能光照之其聽能聽徹之如是則明神降之在男曰覡音仍在女曰巫是使制神之處位次主而爲之牲器時服而後使先聖之後之有光烈而能知山川之號高祖之主宗廟之事昭穆之世齊敬之勤禮節之宜威儀之則容貌之崇忠信之質禋絜之服而敬恭明神者以爲之祝使名姓之後能知四時之生犧牲之物玉帛之類采服之儀彝器之量次主之度屏攝之位壇場之所上下之神氏姓之出而心率舊典者爲之宗於是乎有天地神民類

物之官謂之五官各司其序不相亂也民是以能有忠信神是以能有明德民神異業敬而不瀆故神降之嘉生民以物享禍災不至求用不匱及少皞之衰也九黎亂德民神雜糅不可方物夫人作享家爲巫史無有要質民匱于祀而不知其福烝享無度民神同位民瀆齊盟無有嚴威神狎民則不蠲其爲嘉生不降無物以享禍災荐臻莫盡其氣顓頊受之乃命南正重司天以屬神命火正黎司地以屬民使復舊常無相侵瀆是謂絶地天通

其後三苗復九黎之德堯復育重黎之後不忘舊者使復典之以至于夏商故重黎氏世敘天地而別其分主者也其在周程伯休父其後也當宣王時失其守官而爲司馬氏寵神其祖以取威于民曰重實上天黎實下地遭世之亂而莫之能禦也不然夫天地成而不變何比之有

觀射父論祀

子期祀平王祭以牛俎於王王問於觀射父曰祀牲何及對曰祀加於舉天子舉以大牢祀以會諸

侯舉以特牛祀以大牢卿舉以少牢祀以特牛大夫舉以特牲祀以少牢士食魚炙祀以特牲庶人食菜祀以魚上下有序則民不慢王曰其小大何如對曰郊禘不過繭栗烝嘗不過把握王曰何其小也對曰夫神以精明臨民者也故求備物不求豐大是以先王之祀也以一純二精三牲四時五色六律七事八種九祭十日十二辰以致之百姓千品萬官億醜兆民經入畡音該數以奉之明德以昭之龢聲以聽之以告徧至則無不受休毛以示

物血以告殺接誠拔取以獻其爲齊敬也敬不可
久民力不堪故齊肅以承之王曰芻豢幾何對曰
遠不過三月近不過浹日王曰祀不可以已乎對
曰祀所以昭孝息民撫國家定百姓也不可以已
夫民氣縱則底底則滯滯久不震生乃不殖是用
不從其生不殖不可以封是以古者先王日祭月
享時類歲祀諸侯舍日卿大夫舍月士庶人舍時
天子徧祀群神品物諸侯祀天地三辰及其土之
山川卿大夫祀其禮士庶人不過其祖日月會于

龍豟音豆士氣含收天明昌作百嘉備合群神頻行
國於是乎烝嘗家於是乎嘗祀百姓夫婦擇其令
辰奉其犧牲敬其齍音齎盛絜其糞除愼其采服禋
其酒醴帥其子姓從其時享虔其宗祝道其順辭
以昭祀其先祖肅肅濟濟如或臨之於是乎合其
州鄉朋友婚姻比爾兄弟親戚於是乎弭其百苛
妎音害其讒慝合其嘉好結其親暱億其上下以申
固其姓上所以教民虔也下所以昭事上也天子
禘郊之事必自射其牲王后必自舂其粢諸侯宗

廟之事必自射其牛刲音奎羊擊豕夫人必自舂其盛況其下之人其誰敢不戰戰兢兢以事百神天子親舂禘郊之盛王后親繰其服自公以下至於庶人其誰敢不齊肅恭敬致力于神民所以攝固者也若之何其舍之也

鬬且料子常

鬬且廷見令尹子常子常與之語問蓄貨聚馬歸以語其弟曰楚其亡乎不然令尹其不免乎吾見令尹令尹問蓄聚積實如餓豺狼焉殆必亡者也

夫古者聚貨不妨民衣食之利聚馬不害民之財用國馬足以行軍公馬足以稱賦不是過也公貨足以賓獻家貨足以共用不是過也夫貨馬郵則闕於民民多闕則有離畔之心將何以封矣昔鬬子文三舍令尹無一日之積恤民之故也成王聞子文之朝不及夕也於是乎每朝設脯一束糗一筐以羞子文至于今令尹秩之成王每出子文之祿必逃王止而後復人謂子文曰人生求富而子逃之何也對曰夫從政者以庇民也民多曠者而

我取富焉是勤民以自封也死無日矣我逃死非逃富也故莊王之世滅若敖氏唯子文之後在至于今處鄖爲楚良臣是不先恤民而後已之富乎今子常先大夫之後也而相楚君無令名於四方民之羸餒日日已甚四境盈壘道殣相望盜賊司目民無所放是之不恤而蓄聚不厭其速怨於民多矣積貨滋多蓄怨滋厚不亡何待夫民心之慍也若防大川焉潰而所犯必大矣子常其能賢於成靈乎成不禮於穆願食熊蹯不獲而死靈王不

顧於民一國棄之如遺迹焉子常爲政而無禮不顧甚於成靈其獨何力以待之期年乃有栢舉之戰子常奔鄭昭王奔隨

王孫圉論楚寶

王孫圉聘於晉定公饗之趙簡子鳴玉以相問於王孫圉曰楚之白珩猶在乎對曰然簡子曰其爲寶也幾何矣曰未嘗爲寶楚之所寶者曰觀射父能作訓辭以行事於諸侯使無以寡君爲口實又有左史倚相能道訓典以敘百物以朝夕獻善敗

於寡君使寡君無忘先王之業又能上下說乎鬼神順道其欲惡使神無有怨痛于楚國又有藪曰雲夢連徒州金木竹箭之所生也龜珠齒角皮革羽毛所以備賦以戒不虞者也所以共幣帛以賓享於諸侯者也若諸侯之好幣具而導之以訓辭有不虞之備而皇神相之寡君其可以免罪於諸侯而國民保焉此楚國之寶也若夫白珩先王之玩也何寶焉圍聞國之寶六而已聖能制議百物以輔相國家則寶之玉足以庇廕嘉穀使無水旱

之災則寶之龜足以憲臧不則寶之珠足以禦火災則寶之金足以禦兵亂則寶之山林藪澤足以備財用則寶之若夫譁囂之美楚雖蠻夷不能寶也

吳

申包胥論戰事

申包胥使於越越王句踐問焉曰吳國爲不道求殘我社稷宗廟以爲平原弗使血食吾欲與之徼天之衷唯是車馬兵甲卒伍既具無以行之請問

戰奚以而可包胥辭曰不知王固問焉乃對曰夫吳良國也能博取於諸侯敢問君王之所以與之戰者王曰在孤之側者觴酒豆肉簞食未嘗敢不分也飲食不致味聽樂不盡聲求以報吳願以此戰包胥曰善則善矣未可以戰也王曰越國之中疾者吾問之死者吾葬之老其老慈其幼長其孤問其病求以報吳願以此戰包胥曰善則善矣未可以戰也王曰越國之中吾寬民以子之忠惠以善之吾修令寬刑施民所欲去民所惡稱其善掩

其惡求以報吳願以此戰包胥曰善則善矣未可以戰也王曰越國之中富者吾安之貧者吾予之救其不足裁其有餘使貧富皆利之求以報吳願以此戰包胥曰善則善矣未可以戰也王曰越國南則楚西則晉北則齊春秋皮幣玉帛子女以賓服焉未嘗敢絕求以報吳願以此戰包胥曰善哉蔑以加焉然猶未可以戰也夫戰知為始仁次之勇次之不知則不知民之極無以銓度天下之衆寡不仁則不能與三軍共饑勞之殃不勇則不能

斷疑以發大計越王曰諾、

越

范蠡諫戰吳

興師伐吳至於五湖吳人聞之出挑戰一日五反王弗忍欲許之范蠡進諫曰謀之廊廟失之中原其可乎王姑勿許臣聞之得時無怠時不再來天予不取反爲之災贏縮轉化後將悔之天節固然唯謀不遷王曰諾弗許范蠡曰臣聞古之善用兵者贏縮以爲常四時以爲紀無過天極究數而止

天道皇皇日月以爲常明者以爲法微者則是行陽至而陰陰至而陽日困而還月盈而匡古之善用兵者因天地之常與之俱行後則用陰先則用陽近則用柔遠則用剛後無陰蔽先無陽察用人無蓺往從其所剛强以禦陽節不盡不死其野彼來從我固守弗與若將與之必因天地之災又觀其民之飢飽勞逸以參之盡其陽節盈吾陰節而奪之利宜爲人客剛强而力疾陽節不盡輕而不可取宜爲人主安徐而重固陰節不盡柔而不可

迫凡陳之道設右以爲牝益左以爲牡蚤晏無失必順天道周旋無究今其來也剛强而力疾王姑待之王曰諾弗與戰居軍三年吴師自潰

滙古菁華卷八終

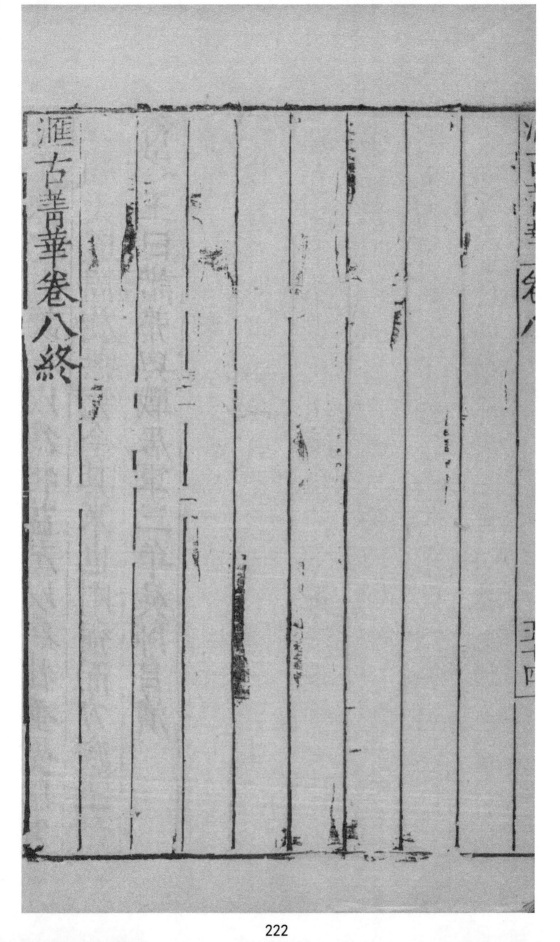

滙古菁華 七

滙古菁華卷九

戰國策

周

游騰謂楚王

秦令樗里疾以車百乘入周周君迎之以卒甚敬楚王怒讓周以其重秦客游騰謂楚王曰昔智伯欲伐厹（音求）由遺之大鐘載以廣車因隨入以兵厹由卒亡無備故也桓公伐蔡也號言伐楚其實襲蔡今秦虎狼之國也兼有吞周之意使樗里疾以

車百乘入周周君懼焉以蔡厹由惑之故使長兵在前強弩在後名曰衛疾而實囚之周君豈能無愛國哉恐一日之亡國而憂大王楚王乃悅

史黶謂周君

秦假道於周以伐韓周恐假之而惡於韓不假而惡於秦史黶謂周君曰君何不令人謂韓公叔曰秦敢絕塞而伐韓者信東周也公何不與周地發重使使之楚秦必疑不信周是韓不伐也又謂秦王曰韓強與周地將以疑周於秦寡人不敢弗受

秦必無辭而令周弗受是得地於韓而聽於秦也

秦

甘茂謂秦王

謂秦王曰臣竊惑王之輕齊易楚而卑畜韓也臣聞王兵勝而不驕霸主約而不忿勝而不驕故能服世約而不忿故能從鄰今王廣德魏趙而輕失齊驕也戰勝宜陽不恤楚交忿也驕忿非霸王之業也臣竊爲大王慮之而不取也詩云靡不有初鮮克有終故先王之所重者唯終與始何以知其

然也昔智伯瑶殘范中行圍晉陽卒爲三家笑吳王夫差棲越於會稽勝齊於艾陵爲黃池之遇無禮於宋遂爲勾踐禽死梁君伐楚勝齊制韓趙之兵驅十二諸侯以朝天子於孟津後子死身布冠而拘於秦三者非無功也能始而不能終也今王破宜陽殘三川而使天下之士不敢言雍天下之國徙兩周之疆而世主不敢窺陽侯之塞取黃棘而韓楚之兵不敢進王若能爲此尾則三王不足四五霸不足六王若不能爲此尾而有後患則臣

恐諸侯之君河濟之士以王爲吴智之事也詩云行百里者半於九十此言末路之難今大王皆有驕色以臣之心觀之天下之事依世主之心非楚受兵必秦也何以知其然也秦人援魏以拒楚楚人援韓以拒秦四國之兵敵而未能復戰也齊宋在繩墨之外以爲權故曰先得齊宋者伐秦秦先得齊宋則韓氏鑠韓氏鑠則楚孤而受兵也楚先得之則魏氏鑠魏氏鑠則秦孤而受兵矣若隨此計而行之則兩國者必爲天下笑矣

秦以三城退三國之兵

三國攻秦入函谷秦王謂樓緩曰三國之兵深矣寡人欲割河東而講對曰割河東大費也免於國患大利也此父兄之任也王何不召公子他而問焉王召公子他而問之對曰講亦悔不講亦悔王曰何也對曰王割河東而講三國雖去王必曰惜矣三國且去吾特以三城從之此講之悔也王不講三國入函谷咸陽必危王又曰惜矣吾愛三城而不講此又不講之悔也王曰鈞吾悔也寧亡三

城而悔無危咸陽而悔也寡人決講矣卒使公子他以三城講於三國三國之兵乃退

秦客卿造謂穰侯

秦客卿造謂穰侯曰秦封君以陶藉君天下數年矣攻齊之事成陶爲萬乘長小國以朝天子天下必聽五覇之事也攻齊不成陶爲鄰恤而莫之據也故攻齊之於陶也存亡之機也君欲成之何不使人謂燕相國曰聖人不能爲時時至弗失舜雖賢不遇堯也不得爲天子湯武雖賢不當桀紂不

王故以舜湯武之賢不遭時不得帝王今攻齊此君之大時也已因天下之力伐讎國之齊報惠王之耻成昭王之功除萬世之害此燕之長利而君之大名也詩云樹德莫如滋除害莫如盡吳不亡越越故亡吳齊不亡燕燕故亡齊齊亡於燕吳亡於越此除疾不盡也非以此時也成君之功除君之害秦卒有他事而從齊齊秦合其讎君必深矣挾君之讎以誅於燕後雖悔之不可得也已君悉燕兵而疾攻之天下之從君也若報父子之讎誠

能亡齊封君於河南爲萬乘達途於中國南與陶
爲鄰世世無患願君之專志於攻齊而無他慮也

范雎獻書秦昭王

范子因王稽入秦獻書昭王曰臣聞明主蒞政有
功者不得不賞有能者不得不官勞大者其祿厚
功多者其爵尊能治衆者其官大故不能者不敢
當其職焉能者亦不得蔽隱使以臣之言爲可則
行而益利其道若將弗行則久留臣無謂也語曰
庸主賞所愛而罰所惡明主則不然賞必加於有

功刑必斷於有罪今臣之胷不足以當椹質要不足以待斧鉞豈敢以疑事嘗試於王乎雖以臣爲賤而輕辱臣獨不重任臣者後無反覆於王前者耶臣聞周有砥厄宋有結綠梁有懸黎楚有和璞此四寶者工之所失也而爲天下名器然則聖王之所棄者獨不足以厚國家乎臣聞善厚家者取之於國善厚國者取之於諸侯天下有明主則諸侯不得擅厚矣是何也爲其凋榮也良醫知病人之死生聖主明於成敗之事利則行之害則舍之

疑則少嘗之雖堯舜禹湯復生弗能改已語之至者臣不敢載之於書其淺者又不足聽也意者臣愚而不闔於王心耶亡其言臣者將賤而不足聽耶非若是也則臣之志願少賜游觀之間望見足下而入之書上秦王說之因謝王稽說使人持車召之

范雎初說秦昭王

范雎至秦王庭迎范雎曰寡人宜以身受令久矣會義渠之事急寡人旦暮自請太后今義渠之事

已寡人乃以身受命躬竊閔然不敏敬執賓主之
禮范雎辭讓是日見范雎見者無不變色易容者
秦王屏左右宮中虛無人秦王跪而進曰先生何
以幸教寡人范雎曰唯唯有間秦王復請范雎曰
唯唯若是者三秦王跽曰先生不幸教寡人乎范
雎謝曰非敢然也臣聞始時呂尚之遇文王也身
爲漁父而釣於渭陽之濱耳若是者交疏也已一
說而立爲太師載與俱歸者其言深也故文王
果收功於呂尚卒擅天下而身立爲帝王即使文

王疏呂望而弗與深言是周無天子之德而文武無與成其王也今臣覉旅之臣也交疏於王而所願陳者皆匡君臣之事處人骨肉之間願以陳臣之陋忠而未知王心也所以王三問而不對者是也臣非有所畏而不敢言也知今日言之於前而明日伏誅於後然臣弗敢畏也大王信行臣之言死不足以爲臣患亡不足以爲臣憂漆身而爲厲被髮而爲狂不足以爲臣恥五帝之聖而死三王之仁而死五霸之賢而死烏獲之力而死奔育之

勇而死死者人之所必不免處必然之勢可以少有補於秦此臣之所大願也臣何患乎伍子胥橐載而出昭關夜行而晝伏至於菱夫無以餌其口坐行蒲服乞食於吳市卒興吳國闔閭爲霸使臣得進謀如伍子胥加之以幽囚終身不復見是臣說之行也臣何憂乎箕子接輿漆身而爲厲被髮而爲狂無益於殷楚使臣得同行於箕子接輿可以補所賢之主是臣之大榮也臣又何耻乎臣之所恐者獨恐臣死之後天下見臣盡忠而身蹙也

是以杜口裹足莫肯即秦耳足下上畏大后之嚴
下惑奸臣之態居深宮之中不離保傅之手終身
闇惑無與照奸大者宗廟滅覆小者身以孤危此
臣之所恐耳若夫窮辱之事死亡之患臣弗敢畏
也臣死而秦治賢於生也秦王跽曰先生是何言
也夫秦國僻遠寡人愚不肖先生乃幸至此此天
以寡人慁先生而存先王之廟也寡人得受命於
先生此天所以幸先王而不棄其孤也先生柰何
而言若此事無大小上及太后下至大臣願先生

悉以教寡人無疑寡人也范雎再拜秦王亦再拜范雎曰大王之國北有甘泉谷口南帶涇渭右隴蜀左關阪戰車千乘奮擊百萬以秦卒之勇車騎之多以當諸侯譬若施韓盧而逐蹇兔也霸王之業可致今反閉關而不敢窺兵於山東者是穰侯爲國謀不忠而大王之計有所失也王曰願聞所失計雎曰大王越韓魏而攻强齊非計也少出師則不足以傷齊多之則害於秦臣意王之計欲少出師而悉韓魏之兵則不義矣今見與國之不可

親越人之國而攻可乎疏於計矣昔者齊人伐楚戰勝破軍殺將再辟千里膚寸之地無得者豈齊不欲地哉形弗能有也諸侯見齊之罷露君臣之不親舉兵而伐之主辱君破爲天下笑所以然者以其伐楚而肥韓魏也此所謂藉賊兵而齎盜食者也王不如遠交而近攻得寸則王之寸得尺亦王之尺也今舍此而遠攻不亦繆乎且昔者中山之地方五百里趙獨擅之功成名立利附焉天下莫能害今韓魏中國之處而天下之樞也王若欲

霸必親中國而以爲天下樞以威楚趙趙強則楚附楚強則趙附楚趙附則齊必懼懼必卑辭重幣以事秦齊附而韓魏可虛也王曰寡人欲親魏魏多變之國也寡人不能親請問親魏柰何范雎曰卑辭重幣以事之不可削地而賂之不可舉兵而伐之於是舉兵而攻邢丘邢丘拔而魏請附曰秦韓之地形相錯如繡秦之有韓若木之有蠹人之病心腹天下有變爲秦害者莫大於韓王曰寡人欲收韓韓不聽爲之柰何范雎曰舉兵而攻滎陽

則成皋之路不通北斬太行之道則上黨之兵不下一舉而攻宜陽則其國斷而爲三韓見必亡焉得不聽韓聽而覇事可成也王曰善

范雎再說秦昭王

范雎曰臣居山東聞齊之內有田單不聞其有王聞秦之有太后穰侯涇陽華陽不聞其有王夫擅國之謂王能專利害之謂王制殺生之威之謂王今太后擅行不顧穰侯出使不報涇陽華陽擊斷無諱高陵進退不請四貴備而國不危者未之有

也爲此四者下乃所謂無王已然則權焉得不傾而令焉得從王出乎臣聞善爲國者内固其威而外重其權穰侯使者操王之重決裂諸侯剖符於天下征敵伐國莫敢不聽戰勝攻取則利歸於陶國敝御於諸侯戰敗則怨結於百姓而禍歸社稷詩曰木實繁者披其枝披其枝者傷其心大其都者危其國尊其臣者卑其主淖齒管齊之權縮閔王之筋懸之廟梁宿昔而死李兌用趙减食主父百日而餓死今秦太后穰侯用事高陵涇陽佐之

卒無秦王此亦淖齒李兌之類也臣今見王獨立於廟朝矣且臣將恐後世之有秦國者非王之子孫也秦王懼於是乃廢太后逐穰侯出高陵走涇陽於關外昭王謂范雎曰昔者齊公得管仲時以爲仲父今吾得子亦以爲父

應侯謂昭王

應侯謂昭王曰亦聞恒思有神叢與恒思有悍少年請與叢博曰吾勝叢叢藉我神三日不勝叢叢困我乃左手爲叢投右手自爲投勝叢叢藉其神

三日叢往求之遂弗歸五日而叢枯七日而叢亡今國者王之叢勢者王之神藉人以此得無危乎臣未嘗聞指大於臂臂大於股若有此則病必甚矣百人輿瓢而趨不若一人持而走疾百人誠輿瓢瓢必裂今秦國華陽用之穰侯用之太后用之王亦用之不稱瓢爲器則已稱瓢爲器國必裂矣臣聞之木實繁者枝必披枝之披者傷其心都大者危其國臣强者危其主其令邑中自斗食以上至尉內史及王左右有非相國之人者乎國無事

則已國有事臣必見王獨立於庭也臣竊爲王恐恐萬世之後有國者非王子孫也臣聞古之善爲政者其威內扶其輔外布而治政不亂不逆使者直道而行不敢爲非今太后使者分裂諸侯而符布天下操大國之勢徵強兵伐諸侯戰勝攻取利盡歸於陶國之幣帛竭入太后之家境內之利分移華陽古之所謂危主滅國之道必從此起三貴竭國以自安然則令何得從王出權何得毋分是王果處三分之一也

中期對秦昭王

秦昭王謂左右曰今日韓魏孰與始强對曰弗如也王曰今之如耳魏齊孰與孟嘗芒卯之賢對曰弗如也王曰以孟嘗芒卯之賢帥强韓魏之兵以伐秦猶無柰寡人何也今以無能之如耳魏齊帥弱韓魏以攻秦其無柰寡人何亦明矣中期推琴對曰王之料天下過矣昔者六晉之時智氏最强滅破范中行又帥韓魏以圍趙襄子於晉陽決晉水以灌晉陽城不沈者三板耳智伯出行水韓康

子御魏桓子驂乘智伯曰始吾不知水之可亡人之國也乃今知之汾水利以灌安邑絳水利以灌平陽魏桓子肘韓康子康子履魏桓子躡其踵肘足接於車上而智氏分矣身死國亡爲天下笑今秦之強不能過智伯韓魏雖弱尚賢其在晉陽之下也此乃方其用肘足時也願王之勿易也

武安君說昭王勿伐趙

昭王既息民繕兵復欲伐趙武安君曰不可王曰前年國虛民饑君不量百姓之力求益軍粮以滅

趙今寡人息民以養士蓄積糧實三軍之俸有倍於前而曰不可其說何也武安君曰長平之事秦軍大克趙軍大破秦人歡喜趙人畏懼秦民之死者厚葬傷者厚養勞者相饗飲食餔饋以靡其財趙人之死者不得收傷者不得療涕泣相哀戮力同憂耕田疾作以生其財今王發軍雖倍其前臣料趙國守備亦以十倍矣趙自長平以來君臣憂懼早朝晏罷卑辭重幣四面出嫁結親燕魏連好齊楚積慮幷心備秦爲務其國內實其交外成當

今之時趙未可伐也王曰寡人既以興師矣乃使五校大夫王陵將而伐趙陵戰失利亡五校王欲使武安君武安君稱疾不行王乃使應侯往見武安君責之曰楚地方五千里持戟百萬君前率數萬之衆入楚伐鄢郢焚其廟東至竟陵楚人震恐東徙而不敢西向韓魏相率興兵甚衆君所將之卒不能半之而與戰之於伊闕大破二國之軍流血漂鹵音魯斬首二十四萬韓魏以故至今稱東藩此君之功天下莫不聞今趙卒之死於長平者已

十七八其國虛弱是以寡人大發軍人數倍於趙國之衆願使君將必欲滅之矣君常以寡擊衆取勝如神況以強擊弱以衆擊寡乎武安君曰是時楚王恃其國大不恤其政而群臣相妬以功諛諂用事良臣斥踈百姓心離城池不修既無良臣又無守備故起所以得引兵深入多倍城邑發梁焚舟以專民心掠於郊野以足軍食當此之時秦中士卒以軍中為家將帥為父母不約而親不謀而信一心同力死不旋踵楚人自戰其地咸顧其家

各有散心莫有鬬志是以能有功也伊闕之戰韓孫顧魏不欲先用其衆魏恃韓之銳欲推以爲鋒二軍爭便之力不同是以臣得設疑兵以持韓陣專軍幷銳觸魏之不意魏軍旣敗韓軍自潰乘勝逐北以是之故能立功皆計利形勢自然之理何神之有哉今秦破趙軍於長平不遂以時乘其振懼而滅之畏而釋之使得耕稼以益蓄積養孫長幼以益其衆繕治兵甲以益其强增城浚池以益其固主折節以下其臣臣推體以下死士至於平

原之屬皆令妻妾補縫於行伍之間臣人一心上下同力猶勾踐困於會稽之時也以今伐之趙必固守挑其軍戰必不肯出圍其國都必不可克攻其列城必未可拔掠其郊野必無所得兵出無功諸侯生心外救必至臣見其害未睹其利又病未能行應侯慙而退以言於王王曰微白起吾不能滅趙乎復益發軍更使王齕代王陵伐趙圍邯鄲八九月死傷者衆而弗下趙王出輕銳以寇其後秦數不利武安君曰不聽臣計今果如何王聞之

怒因見武安君强起之曰君雖病强爲寡人卧而將之有功寡人之願將加重於君如君不行寡人恨君武安君頓首曰臣知行雖無功得免於罪雖不行無罪不免於誅然惟願大王覽臣愚計釋趙養民以觀諸侯之變撫其恐懼伐其憍音驕慢誅滅無道以令諸侯天下可定何必以趙爲先乎此所謂爲一臣屈而勝天下也大王若不察臣愚計必欲快心於趙以致臣罪此亦所謂勝一臣而爲天下屈者也夫勝一臣之嚴焉孰若勝天下之威大

邪臣聞明主愛其國忠臣愛其名破國不可復完死卒不可復生臣寧伏受重誅而死不忍爲辱軍之將願大王察之王不答而去

蔡澤入秦說應侯

蔡澤見逐於趙而入韓魏遇奪釜鬲音立於涂音途聞應侯任鄭安平王稽皆負重罪應侯内慙乃西入秦将見昭王使人宣言以感怒應侯曰燕客蔡澤天下駿雄弘辨之士也彼一見秦王秦王必相之而奪君位應侯聞之使人召蔡澤蔡澤入則揖應

侯應侯固不快及見之又倨應侯因讓之曰子嘗
宣言代我相秦豈有此乎對曰然應侯曰請聞其
說蔡澤曰吁君何見之晚也夫四時之序成功者
去夫人生手足堅强耳目聰明聖智豈非士之所
願與應侯曰然蔡澤曰質仁秉義行道施德於天
下天下懷樂敬愛願以爲君王豈不辨智之期與
應侯曰然蔡澤復曰富貴顯榮成理萬物萬物各
得其所生命壽長終其年而不夭傷天下繼其統
守其業傳之無窮名實純粹澤流千世稱之而毋

絶豈非道之符而聖人所謂吉祥善事與應侯曰
然澤曰若秦之商君楚之吳起越之大夫種其卒
亦可願與應侯知蔡澤之欲困已以說復曰何為
不可夫公孫鞅事孝公極身毋二盡公不還私信
賞罰以致治竭智能示情素蒙怨咎欺舊交虜魏
公子卬卒為秦禽將破敵軍攘地千里吳起事悼
王使私不害公讒不蔽忠言不取苟合行不取苟
容行義不顧毀譽必欲霸主強國不辭禍凶大夫
種事越王王離困辱悉忠而不解王雖亡絶盡能

而不離多功而不矜富貴不驕怠若此三子者義之至忠之節也故君子殺身以成名義之所在身雖死無憾悔何爲而不可哉蔡澤曰主聖臣賢天下之福也君明臣忠國之福也父慈子孝夫信婦貞家之福也故比干忠不能存殷子胥智不能存吳申生孝而晉惑亂是有忠臣孝子國家滅亂何也無明君賢父以聽之故天下以其君父爲戮辱憐其臣子夫待死而後可以立忠成名是微子不足仁孔子不足聖管仲不足大也於是應侯稱善

蔡澤得少間因曰商君吳起大夫種其爲人臣盡忠致力則可願矣閎夭事文王周公輔成王也豈不亦忠乎以聖論之商君吳起大夫種其可願孰與閎夭周公哉應侯曰商君吳起大夫種不若也蔡澤曰然則君之主慈仁任忠不欺舊故孰與秦孝楚悼越王乎應侯曰未知何如也蔡澤曰今主固親忠臣不過秦孝越王楚悼君之爲主正亂批患折難廣地殖穀富國足家強主威蓋海內功彰萬里之外不過商君吳起大夫種而君之祿位貴

盛私家之富過於三子而身不退竊爲君危之語曰日中則移月滿則虧物盛則衰天之常數也進退盈縮變化聖人之常道也昔者齊桓公一匡天下至葵丘之會有驕矜之色畔者九國吳王夫差無敵於天下輕諸侯陵齊晉遂以殺身亡國夏育太史啓叱呼駭三軍而身死於庸夫此皆乘至盛不近道理也夫商君爲孝公平權衡正度量調輕重決裂阡陌教民耕戰是以兵動而地廣兵休而國富故秦無敵於天下立威諸侯功已成矣遂以

車裂楚地持戟百萬白起率數萬之師以與楚戰
一戰舉鄢郢再戰燒夷陵南幷蜀漢又越韓魏攻
强趙北坑馬服誅屠四十餘萬之衆流血成川沸
聲若雷使秦業帝自是之後趙楚懾服不敢攻秦
者白起之勢也身所服者七十餘城功已成矣賜
死於杜郵吳起爲楚悼罷無能廢無用損不急之
官塞私門之請一楚國之俗南攻楊越北幷陳蔡
破橫散從使馳說之士無所開其口功已成矣卒
支解大夫種爲越王懇草剏邑辟地殖穀率四方

之士專上下之力以禽勁吳成霸功句踐終桔音吉
而殺之此四子者功成而不去禍至於此此所謂
信而不能屈往而不能反者也范蠡知之超然避
世長爲陶朱君獨不觀博者乎或欲大投或欲分
功此皆君之所明知也今君相秦計不下席謀不
出廊廟坐制諸侯利施三川以實宜陽決羊腸
之險塞太行之口又斬范中行之途棧道千里通
於蜀漢使天下皆畏秦秦之欲得矣君之功極矣
此亦秦之分功之時也如時不退則商君白公吳

起大夫種是也君何不以此時歸相印讓賢者授之必有伯夷之廉長爲應侯世世稱孤而有喬松之壽孰與以禍終哉此則君何居焉應侯曰善乃延入坐爲上客後數日入朝言於秦昭王曰客新有從山東來者蔡澤其人辯士臣之見人甚衆莫有及者臣不如也秦昭王召見與語大說之拜爲客卿應侯因謝病請歸相印昭王彊起應侯應侯遂稱篤因免相昭王新說蔡澤計畫遂拜爲秦相東收周室蔡澤相秦王數月人或惡之懼誅乃謝

病歸相印號爲剛成君居秦十餘年事昭王孝文
王莊襄王卒事始皇帝爲秦使於燕三年而燕使
太子丹入質於秦

甘羅說張唐

甘羅見張唐曰卿之功孰與武安君唐曰武安君
戰勝攻取不知其數攻城墮邑不知其數臣之功
不如武安君也甘羅曰卿明知功之不如武安君
與曰知之應侯之用秦也孰與文信侯專曰應侯
不如文信侯專曰卿明知爲不如文信侯專與曰

知之甘羅曰應侯欲伐趙武安君難之去咸陽七里絞而殺之今文信侯自請卿相燕而卿不肯行臣不知卿所死之處矣唐曰請因孺子而行

齊

鄒忌以須說齊王

鄒忌修八尺有餘而形須昳音跌麗朝服衣冠窺鏡謂其妻曰我孰與城北徐公美其妻曰君美甚徐公何能及君也城北徐公齊國之美麗者也忌不自信而復問其妾曰吾孰與徐公美妾曰徐公何

能及君也旦日客從外來與坐談問之吾與徐公孰美客曰徐公不若君之美也明日徐公來孰視之自以爲不如窺鏡而自視又弗如遠甚暮寢而思之曰吾妻之美我者私我也妾之美我者畏我也客之美我者欲有求於我也於是入朝見威王曰臣誠知不如徐公美臣之妻私臣臣之妾畏臣臣之客欲有求於臣皆以美於徐公今齊地方千里百二十城宮婦左右莫不私王朝廷之臣莫不畏王四境之內莫不有求於王由此觀之王之蔽

甚矣王曰善乃下令群臣吏民能面刺寡人之過者受上賞上書諫寡人者受中賞能謗議於市朝聞寡人之耳者受下賞令初下群臣進諫門庭若市數月之後時時而間進朞年之後雖欲言無可進者燕趙韓魏聞之皆朝於齊此所謂戰勝於朝廷

蘇秦以合從說齊宣王

蘇秦爲趙合從說齊宣王曰齊南有泰山東有琅邪西有清河北有渤海此所謂四塞之國也齊地

方二千里帶甲數十萬粟如丘山齊車之良五家之兵疾如錐矢戰如雷電解如風雨即有軍役未嘗倍泰山絶清河涉渤海也臨淄之中七萬戸臣竊度之下戸三男子三七二十一萬不待發於遠縣而臨淄之卒固已二十一萬矣臨淄甚富而實其民無不吹竽鼓瑟擊筑彈琴鬭雞走犬六愽蹹音達鞠音匊者臨淄之途車轂擊人肩摩連衽成帷舉袂成幕揮汗成雨家敦而富志高而揚夫以大王之賢與齊之强天下不能當今乃西面事秦竊爲

大王羞之且夫韓魏所以畏秦者以與秦接界也兵出而相當不至十日而戰勝存亡之機決矣韓魏戰而勝秦則兵半折四境不守戰而不勝以亡隨其後是故韓魏之所以重與秦戰而輕爲之臣也今秦攻齊則不然倍韓魏之地至衞陽晉之道徑亢父之險車不得方軌馬不得竝行百人守險千人不能過也秦雖欲深入則狼顧恐韓魏之議其後也是故恫疑虚喝音曷髙躍而不敢進則秦不能害齊亦明矣夫不料秦之不柰我何也而欲西

面事秦是群臣之計過今臣無事秦之名而有彊國之實臣故願大王之少留計齊宣王曰寡人不敏今主君以趙王之教詔之敬奉社稷以從

淳于髡一日進七士

淳于髡一日而見七人於宣王王曰子來寡人聞之千里而一士是比肩而立百世而一聖若隨踵而至也今子一朝而見七士則士不亦衆乎淳于髡曰不然夫鳥同翼者而聚居獸同足者而俱行今求柴胡桔梗於沮澤則累世不得一焉及之睪

音高黍梁父之陰則郄車而載耳夫物各有疇今髡賢者之疇也王求士於髡若挹水於河而取火於燧也髡將復見之豈特七士也

顏斶說齊宣王

齊宣王見顏斶音燭曰斶前斶亦曰王前宣王不說左右曰王人君也斶人臣也王曰斶前斶亦曰王前可乎斶對曰夫斶前爲慕勢王前爲趨士與使斶爲慕勢不如使王爲趨士王忿然作色曰王者貴乎士貴乎對曰士貴耳王者不貴王曰有說乎

斶曰有昔者秦攻齊令有敢去柳下季壟五十步而樵採者死不赦令曰有能得齊王頭者封萬戶侯賜金千鎰由是觀之生王之頭曾不若死士之壟也宣王默然不說左右皆曰斶來斶來大王據千乘之地而建千石鐘萬石簴天下之士皆爲役處辨智竝進莫不來語東西南北莫敢不來服萬物無不備具而百姓無不親附今夫士之高者乃稱匹夫徒步而處農畝下則鄙野監門閭里士之賤也亦甚矣斶對曰不然斶聞古大禹之時諸侯

萬國何則德厚之道得貴士之力也故舜起農畝出於野鄙而爲天子及湯之時諸侯三千當今之世南面稱寡者乃二十四由此觀之非得失之策與稍稍誅滅滅亡無族之時欲爲監門閭里安可得而有也哉是故易傳不云乎居上位未得其實而喜其爲名者必以驕奢爲行倨慢驕奢則凶必從之是故無其實而喜其名者削無德而望其福者約無功而受其祿者辱禍必握故曰矜功不立虛願不至此皆幸樂其名而無其實德者也是以

堯有九佐舜有七友禹有五丞湯有三輔自古及今而能虛成名於天下者無有是以君王無羞亟問不愧下學是故成其道德而揚功名於後世者堯舜禹湯周文王是也故曰無形者形之君也無端者事之本也夫上見其原下通其流至聖明學何不吉之有哉老子曰雖貴必以賤爲本雖高必以下爲基是以侯王稱孤寡不穀是其賤之本與非夫孤寡者人之困賤下位也而侯王以自謂豈非下人而尊貴士與夫堯傳舜舜傳禹周成王任

周公旦而世世稱曰明主是以明乎士之貴也宣王曰嗟乎君子焉可侮哉寡人自取病耳及今聞君子之言乃今聞細人之行願請受為弟子且顏先生與寡人遊食必太牢出必乘車妻子衣服麗都顏斶辭去曰夫玉生於山制則破焉非弗寶貴矣然大璞不完士生乎鄙野推選則祿焉非不尊遂也然而形神不全斶願得歸晚食以當肉安步以當車無罪以當貴清淨貞正以自虞制言者王也盡忠直言者斶也言要道已備矣願得賜歸安

行反臣之邑屋則再拜而辭去君子曰斶知足矣歸真反璞則終身不辱

陳軫合三晉東謂齊王

秦伐魏陳軫合三晉而東謂齊王曰古之王者之伐也欲以正天下而立功名以爲後世也今齊楚燕趙韓梁六國之遞甚也不足以立功名適足以强秦而自弱也非山東之上計也能危山東者强秦也不憂强秦而遞相罷弱而兩歸其國於秦此臣之所以爲山東之患天下爲秦相割秦曾不出

刀天下爲秦相烹秦曾不出薪何秦之智而山東之愚邪願大王之察也古之五帝三王五霸之伐也伐不道者今秦之伐天下不然必欲反之主必死辱民必死虜今韓梁之目未嘗乾而齊民獨不也非齊親而韓梁疏也齊遠秦而韓梁近今齊將近矣今秦欲攻梁絳安邑秦得絳安邑以東下河必表裏河山而東攻齊舉齊屬之海南面而孤楚韓梁北向而孤燕趙齊無所出其計矣願王熟慮之今三晉已合矣復爲兄弟約而出銳師以戍梁

絳安邑此萬世之計也齊非急以銳師合三晉必有後憂三晉合秦必不敢攻梁必南攻楚楚秦搆難三晉怒齊不與已也必東攻齊此臣之所謂齊必有大憂不如急以兵合於三晉齊王敬諾果以兵合於三晉

蘇秦說齊閔王

蘇子說齊閔王曰臣聞用兵而喜先天下者憂約結而喜主怨者孤夫後起者籍也而遠怨者時也是以聖人從事必籍於權而務興於時夫權籍者

萬物之率也而時勢者百事之長也故無權籍倍時勢而能事成者寡矣今雖干將莫邪非得人力則不能割劌矣堅箭利金不得弦機之利則不能遠殺矣矢非不銛而劍非不利也何則權籍不在焉何以知其然也昔者趙氏襲衞車舍人不休傳衞國城割平衞八門土而二門墮矣此亡國之形也衞君跣行告遡於魏魏王身被甲底劍挑趙索戰邯鄲之中鶩河山之間亂衞得是籍也亦收餘甲而北面殘剛平墮中牟之郭衞非強於趙也譬

之衛矢而魏弦機也籍力魏而有河東之地趙氏懼楚人救趙而伐魏戰於州西出梁門軍舍林中馬飲於大河趙得是籍也亦襲魏之河北燒棘蒲隧黄城故剛平之殘也中牟之墮也黄城之墜也棘蒲之燒也此皆非趙魏之欲也然二國勸行之者何也衛明於時權之籍也今世之爲國者不然矣兵弱而好敵強國罷而好衆怨事敗而好鞠之兵弱而憎下人地狹而好敵大事敗而好長詐行此六者而求霸則遠矣臣聞善爲國者順民之意

而料兵之能然後從於天下故約不爲人主怨伐不爲人挫强如此則兵不費權不輕地可廣欲可成也昔者齊之與韓魏伐秦楚也戰非甚疾也分地又非多韓魏也然而天下獨歸咎於齊者何也以其爲韓魏主怨也且天下徧用兵矣齊燕戰而趙氏兼中山秦楚戰韓魏不休而宋越專用其兵此十國者皆以相敵爲意而獨舉心於齊者何也約而好主怨伐而好挫强也且夫强大之禍常以王人爲意也夫弱小之殃常以謀人爲利也是以

大國危小國滅也大國之計莫若後起而重伐不義夫後起之籍與多而兵勁則是以衆強敵罷寡也兵必立也事不塞天下之心則利必附矣大國行此則名號不攘而至覇王不爲而立矣小國之情莫如謹靜而寡信諸侯謹靜則四鄰不反寡信諸侯則天下不賣外不賣內不反則稸積朽腐而不用幣帛矯蠹而不服小國道此則不祠而福矣不貸而見足矣故曰祖仁者王立義者覇用兵窮者亡何以知其然也昔吳王夫差以強大爲天下

先襲郢而棲越身從諸侯之君而卒身死國亡爲天下戮者何也此夫差平居而謀王强大而喜先天下之禍也昔者萊莒好謀陳蔡好詐莒恃越而滅蔡恃晉而亡此皆内長詐外信諸侯之殃也由此觀之則强弱大小之禍可見於前事矣語曰騏驥之衰也駑馬先之孟賁之倦也女子勝之夫駑馬女子筋力骨勁非賢於騏驥孟賁也何則後起之籍也今天下之相與也不竝滅有能案兵而後起寄怨而誅不直微用兵而寄於義則亡天下可

蹻足而須也明於諸侯之故察於地形之理者不約親不相質而固不趨而疾衆事而不反交割而不相憎俱强而加以親何則形同憂而兵趨利也何以知其然也昔者燕齊戰於桓之曲燕不勝十萬之衆盡胡人襲燕樓煩數縣取其牛馬夫胡之與齊非素親也而用兵又非約質而謀燕也然而甚於相趨者何也則形同憂而兵趨利也由此觀之約於同形則利長後起則諸侯可趨役也故明主察相誠欲以霸王爲志則戰攻非所先戰者國

之殘也而都縣之費也殘費巳先而能從諸侯者寡矣彼戰者之爲殘也士聞戰則輸私財而富軍市輸飲食而待死士令折轅而炊之殺牛而觴士則是路君之道也中人禱祝君翳釀通都小縣置社有市之邑莫不正事而奉王則此虛中之計也夫戰之明日屍死扶傷雖若有功也軍出費中哭泣則傷主心矣死者破家而葬夷傷者空財而共藥完者內酺而華樂故其費與死傷者鈞故民之所費也十年之田而不償也軍之所出矛戟折鐶

鉉絕傷弩破車罷馬亡矢之大半甲兵之具官之所私出也士大夫之所匿廝養士之所竊十年之田而不償也天下有此再費者而能從諸侯者寡矣攻城之費百姓理襜蔽舉衝櫓家雜總身窟穴中罷於刀金而士困於土功將不釋甲暮數而能拔城者為亟耳上倦於教士斷於兵故三下城而能勝敵者寡矣故曰彼戰攻者非所先也何以知其然也昔智伯瑤攻范中行氏殺其君滅其國又西圍晉陽吞併二國而憂一主此用兵之盛也然

而智伯卒身死國亡爲天下笑者何謂也兵先戰攻而滅二子之患也昔者中山悉起而迎燕趙南戰於長子敗趙氏北戰於中山克燕軍殺其將夫中山千乘之國也而攻萬乘之國二再戰比勝此用兵之上節也然而國遂亡君臣於齊者何也不嗇於戰攻之患也由此觀之則戰攻之敗可見於前事矣今世之所謂善用兵者終戰比勝而守不可拔天下稱爲善一國得而保之則非國之利也臣聞戰大勝者其士多死而兵益弱守而不可拔

者其百姓罷而城郭露夫士死於外民殘於內而
城郭露於境則非王之樂也今夫鵠的非咎罪於
人也便弓引弩而射之中者則善不中則愧少長
貴賤則同心於貫之者何也惡其示人以難也今
窮戰比勝而守必不拔則是非徒示人以難也又
且害人者也然則天下仇之必矣夫罷士露國而
多與天下為仇則明君不居也素用強兵而弱之
則察相不事彼明君察相者則五兵不動而諸侯
從辭讓而重賂至矣故明君之攻戰也甲兵不出

於軍而敵國勝衝櫓不施而邊城降士民不知而王業至矣彼明君之從事也用財少曠日遠而利長者故曰兵後起則諸侯可趨役也臣之所聞攻戰之道非師者雖有百萬之軍北之堂上雖有闔閭吳起之將禽之戶內千丈之城拔之尊俎之間百尺之衝折之衽席之上故鐘鼓竽瑟之音不絕地可廣而欲可成和樂倡優侏儒之笑不乏諸侯可同日而致也故名配天地不爲尊利制海內不爲厚故夫善爲王業者在勞天下而自逸亂天下

而自安諸侯無成謀則其國無宿憂也何以知其然也佚治在我勞亂在天下則王之道也銳兵來則拒之患至則趨之使諸侯無成謀則其國無宿憂矣何以知其然也昔者魏王擁土千里帶甲三十六萬恃其强而拔邯鄲西圍定陽又從十二諸侯朝天子以西謀秦秦王恐之寢不安席食不甘味令於境內盡堞中爲戰具競爲守備爲死士置將以待魏氏衛鞅謀於秦王曰夫魏氏其功大而令行於天下有十二諸侯而朝天子其與必衆故

以一秦而敵大魏恐不如王何不使臣見魏王則臣請必北魏矣秦王許諾衛鞅見魏王曰大王之功大矣令行於天下矣今大王之所從十二諸侯非宋衛也則鄒魯陳蔡此固大王之所以鞭箠使也不足以王天下大王不若北取燕東伐齊則趙必從矣西取秦南伐楚則韓必從矣大王有伐齊楚心而從天下之志則王業見矣大王不如先行王服然後圖齊楚魏王說於衛鞅之言也故身廣公宮制丹衣柱建九斿從七星之旟此天子之位

也而魏王處之於是齊楚怒諸侯奔齊齊人伐魏殺其太子覆其十萬之軍魏王大恐跣行按兵於國而東次於齊然後天下乃舍之當是時秦王垂拱而受西河之外而不以德魏王故衛鞅之始與秦王計也謀約不下席言於尊俎之間謀成於堂上而魏將已禽於齊矣衝櫓未施而西河之外已入於秦矣此臣之所謂北之堂上禽將戶內拔城於尊俎之間折衝席上者也

魯仲連遺燕將書

燕攻齊取七十餘城唯莒即墨未下齊田單以即墨破燕殺騎劫初燕將攻下聊城人或讒之燕將懼誅遂保守聊城不敢歸田單攻之歲餘士卒多死而聊城不下魯連乃爲書約之矢以射城中遺燕將曰吾聞之智者不倍時而棄利勇士不怯死而滅名忠臣不先身而後君今公行一朝之忿不顧燕王之無臣非忠也殺身亡聊城而威不信於齊非勇也功廢名滅後世無稱非智也故智者不再計勇士不怯死今死生榮辱尊卑貴賤此其一

特也願公之詳計而無與俗同也且楚攻南陽魏
攻平陸齊無南面之心以爲亡南陽之害不若得
濟北之利故定計而堅守之今秦人下兵魏不敢
東面橫秦之勢合則楚國之形危且棄南陽斷右
壤存濟北計必爲之今楚魏交退燕救不至齊無
天下之規與聊城共據朞年之敝即臣見公之不
能得也齊必決之於聊城公無再計彼燕國大亂
君臣過計上下迷惑栗腹以十萬之衆五折於
外萬乘之國被圍於趙壤削主困爲天下戮公聞

之乎今燕王方寒心獨立大臣不足恃國敝禍多
民心無所歸今公又以聊城之民距全齊之兵朞
年不解是墨翟之守也食人炊骨士無反北之心
是孫臏吳起之兵也能已見於天下矣故爲公計
不如罷兵休士全車甲歸報燕王燕王必喜士民
見公如見父母交游攘臂而議於世功業可明矣
上輔孤主以制群臣下養百姓以資說士矯國革
俗於天下功名可立也意者亦捐燕棄世東游於
齊乎請裂地定封富比陶衛世世稱寡與齊久存

此亦一計也二者顯名厚實也願公熟計而審處
一也且吾聞效小節者不能行大威惡小恥者不
能立榮名昔管仲射桓公中鉤篡也遺公子糾而
不能死怯也束縛桎梏辱身也此三行者鄉里不
通也世主不臣也使管仲終窮抑幽囚而不出慙
恥而不見窮年沒壽不免爲辱人賤行矣然管子
幷三行之過據齊國之政一匡天下九合諸侯爲
五霸首名高天下光照鄰國曹沬爲魯君將三戰
三北而喪地千里使曹子之足不離陳計不顧後

出必死而不生則不免爲敗軍禽將曹子以敗軍禽將非勇也功廢名滅後世無稱非智也故去三北之恥退而與魯君計也曹子以爲遭齊桓公有天下朝諸侯曹子以一劍之任劫桓公於壇位之上顏色不變而辭氣不悖三戰之所喪一朝而反之天下震動驚駭威信吳楚傳名後世若此二公者非不能行小節死小恥也以爲殺身絕世功名不立非智也故去忿恚（音穢）之心而成終身之名除感忿之恥而立累世之功故業與三王爭流名與

天壤相敝也公其圖之

楚

莊辛謂楚頃襄王

莊辛謂楚襄王曰君王左州侯右夏侯輦從鄢陵君與壽陵君專淫逸侈靡不顧國政郢都必危矣襄王曰先生老悖乎將以爲楚國妖祥乎莊辛曰臣誠見其必然者也非敢以爲國妖祥也君王卒幸四子者不衰楚國必亡矣臣請避於趙淹留以觀之莊辛去之趙留五月秦果舉鄢郢巫上蔡陳

之地襄王流揜於成陽於是使人發騶徵莊辛於趙莊辛曰諾莊辛至襄王曰寡人不能用先生之言今事至於此爲之柰何莊辛對曰臣聞鄙語曰見兎而顧犬未爲晚也亡羊而補牢未爲遲也臣聞昔湯武以百里昌桀紂以天下亡今楚國雖小絶長續短猶以數千里豈特百里哉王獨不見夫蜻蛉乎六足四翼飛翔乎天地之間俛啄蚉䖟音盲而食之仰承甘露而飲之自以爲無患與人無爭也不知夫五尺童子方將調飴膠絲加己乎四仞

之上而下爲螻蟻食也黃雀因是以俯噣(音啄)白粒仰栖茂樹鼓翅奮翼自以爲無患與人無爭也不知夫公子王孫左挾彈右攝丸將加己乎十仞之上以其類爲招晝游乎茂樹夕調乎酸鹹倏忽之間墜於公子之手夫雀其小者也黃鵠因是以游乎江海淹乎大沼俯噣鱔鯉仰嚙(音聶)蔆(音菱)衡奮其六翮而陵清風飄搖乎高翔自以爲無患與人無爭也不知夫射者方將修其碆(音婆)盧治其矰(音曾)繳(音勺)將加己乎百仞之上被劉(音監)磻(音盤)引微繳折清

風而抎音允矣故晝游乎江河夕調乎鼎鼐夫黃鵠其小者也蔡靈侯之事因是以南游乎高陂北陵乎巫山飲茹溪流食湘波之魚左抱幼妾右擁嬖女與之馳騁乎高蔡之中而不以國家爲事不知夫子發方受命乎靈王繫己以朱絲而見之也蔡靈侯之事其小者也君王之事因是以左州侯右夏侯輦從鄢陵君與壽陵君飯封祿之粟而載方府之金與之馳騁乎雲夢之中而不以天下國家爲事而不知夫穰侯方受命乎秦王塡黽塞之內

而援巳乎黽塞之外襄王聞之顔色變作身體戰慄於是乃以執珪而授之爲陽陵君與淮北之地

楚人以弓繳說楚頃襄王

楚人有好以弱弓微繳加歸鴈之上者頃襄王聞召而問之對曰小臣之好射鶀音欺鴈羅鸗音就小矢之發也何足爲大王道也且稱楚之大因大王之賢所弋非直此也昔者三王以弋道德五霸以弋戰國故秦魏燕趙者鶀鴈也齊魯韓衛者青首也鄒費郯邳者羅鸗也外其餘則不足射者見鳥六

雙以王何取王何不以聖人爲弓以勇士爲繳時張而射之此六雙者可得而囊載也其樂非特朝夕之樂也其獲非特鳧鴈之實也王朝張弓而射魏之大梁之南加其右臂而徑屬之於韓則中國之路絕而上蔡之郡壞矣還射圉之東解魏左肘而外擊定陶則魏之東外棄而大宋方與二郡者舉矣且魏斷二臂顛越矣膺擊郯國大梁可得而有也王請繳蘭臺飲馬西河定魏大梁此一發之樂也若王之於弋誠好而不厭則出寶弓碆新繳

射噣鳥於東海還蓋長城以爲防朝射東莒夕發
浿音沛具兵夜加即墨顧據午道則長城之東收而
太山之北舉矣西結境於趙而北達於燕三國市
㹃音氏則從不待約而可成也北遊目於燕之遼東
而南登望於越之會稽此再發之樂也若夫泗上
十二諸侯左縈而右拂之可一旦而盡也今秦破
韓以爲長憂得列城而不敢守也伐魏而無功擊
趙顧病則秦魏之勇力屈矣楚之故地漢中析酈
可得而復有也王出寶弓碆新繳涉鄳塞而待秦

之倦也山東河內可得而一也勞民休衆南面稱王矣故曰秦爲大鳥負海內而處東面而立左臂據趙之西南右臂傅楚鄢郢膺擊韓魏垂頭中國處既行便勢有地利奮翼鼓翄音氏方三千里則秦未可得獨招而夜射也欲以擊怒襄王故對以此言襄王因召與語遂言曰夫先王爲秦所欺而客死於外怨莫大焉今以匹夫有怨尚有報乎萬乘白公子胥是也今楚之地方五千里帶甲百萬猶足以踊躍中野也而坐受困臣竊爲大王弗取也

於是頃襄王遣使於諸侯復爲從欲以伐秦

趙

豫讓爲智伯報讎

晉畢陽之孫豫讓始事范中行氏而不說去而就智伯智伯寵之及三晉分智氏趙襄子最怨智伯而將其頭以爲飲器豫讓遁逃山中曰嗟乎士爲知己者死女爲說己者容吾其報智氏之讎矣乃變姓名爲刑人入宮塗廁欲以刺襄子襄子如廁心動執問塗者則豫讓也刃其扞曰欲爲智伯報

讎左右欲殺之趙襄子曰彼義士也吾謹避之耳
且智伯已死無後而其臣至爲報讎此天下之賢
人也卒釋之豫讓又漆身爲厲滅鬚去眉自刑以
變其容爲乞人而往乞其妻不識曰狀貌不似吾
夫其音何類吾夫之甚也又吞炭爲啞變其音其
友謂之曰子之道甚難而無功謂子有志則然矣
謂子智則否以子之才而善事襄子襄子必近幸
子子之得近而行所欲此甚易而功必成豫讓乃
笑而應之曰是爲先知報後知爲故君賊新君大

亂君臣之義者無此矣吾所謂爲此者以明君臣之義非從易也且夫委質而事人而求弑之是懷二心以事君也吾所爲難亦將以愧天下後世人臣懷二心者居頃之襄子當出豫讓伏以過橋下襄子至橋而馬驚襄子曰此必豫讓也使人問之果豫讓於是趙襄子面數豫讓曰子不嘗事范中行氏乎智伯滅范中行氏而子不爲報讎反委質事智伯智伯已死子獨何爲報讎之深也豫讓曰臣事范中行氏范中行氏以衆人遇臣臣故衆人

報之智伯以國士遇臣臣故國士報之襄子乃喟然歎泣曰嗟乎豫子之爲智伯名既成矣寡人舍子亦已足矣子自爲計寡人不舍子使兵環之豫讓曰臣聞明主不掩人之義忠臣不愛死以成名君前已寛舍臣天下莫不稱君之賢今日之事臣故伏誅然願請君之衣而擊之雖死不恨非所望也敢布腹心於是襄子義之乃使使者持衣與豫讓豫讓拔劒三躍呼天擊之曰而可以報智伯矣遂伏劒而死死之日趙國之士聞之皆爲涕泣

蘇秦始合從說趙王

蘇秦從燕之趙始合從說趙王曰天下之卿相人臣乃至布衣之士莫不高賢大王之行義皆願奉教陳忠於前之日久矣雖然奉陽君妬大王不得任事是以外賓客游談之士無敢盡忠於前者今奉陽君捐館舍大王乃今然後得與士民相親臣故敢進其愚忠爲大王計莫若安民無事請無庸有爲也安民之本在於擇交擇交而得則民安擇交不得則民終身不得安請言外患齊秦爲兩敵

而民不得安倚秦攻齊而民不得安倚齊攻秦而民不得安故夫謀人之主伐人之國常苦出辭斷絕人之交願大王慎無出於口也請屏左右白言所以異陰陽而已矣大王誠能聽臣燕必致氈裘狗馬之地齊必致海隅魚鹽之地楚必致橘柚雲夢之地韓魏皆可使致封地湯沐之邑貴戚父兄皆可以受封侯夫割地效實五霸之所以覆軍禽將而求也封侯貴戚湯武之所以放殺而爭也今大王垂拱而兩有之是臣之所以爲大王願也大

王與秦則秦必弱韓魏與齊則齊必弱楚魏魏弱則割河外韓弱則効宜陽宜陽効則上郡絕河外割則道不通楚弱則無援此三策者不可不熟計也夫秦下軹（音只）道則南陽動劫韓包周則趙自銷鑠據衛取淇則齊人必入朝秦欲已得行於山東則必舉甲而向趙秦甲涉河踰漳據番吾則兵必戰於邯鄲之下矣此臣之所以為大王患也當今之時山東之建國莫如趙強趙地方三千里帶甲數十萬車千乘騎萬匹粟支十年西有常山南有

河漳東有清河北有燕國燕固弱國不足畏也且秦之所畏害於天下者莫如趙然而秦不敢舉兵甲而伐趙者何也畏韓魏之議其後也然則韓魏趙之南蔽也秦之攻韓魏也則不然無有名山大川之限稍稍蠶食之傅（附同）之國都而止矣韓魏不能支秦必入臣於秦秦無韓魏之隔禍必中於趙矣此臣之所以為大王患也臣聞堯無三夫之分舜無咫尺之地以有天下禹無百人之聚以王諸侯湯武之卒不過三千人車不過三百乘而為天

子誠得其道也是故明主外料其敵國之彊弱內度其士卒之衆寡賢與不肖不待兩軍相當而勝敗存亡之機節固已見於胸中矣豈掩於衆人之言而以冥冥決事哉臣竊以天下地圖案之諸侯之地五倍於秦料諸侯之卒十倍於秦六國幷力爲一西面而攻秦秦必破矣今西面而事之見臣於秦夫破人之與破於人也臣人之與臣於人也豈可同日而言之哉夫橫人者皆欲割諸侯之地以與秦成與秦成則高臺榭美宮室聽竽笙琴瑟

之音察五味之和前有軒轅後有長庭美人巧笑卒有秦患而不與其憂是故橫人日夜務以秦權恐喝諸侯以求割地願大王之熟計之也臣聞明王絕疑去讒屏流言之迹塞朋黨之門故尊主廣地強兵之計臣得陳忠於前矣故竊爲大王計莫如一韓魏齊楚燕趙六國從親以儐畔秦令天下之將相相與會於洹水之上通質刑白馬以盟之約曰秦攻楚齊魏各出銳師以佐之韓絕食道趙涉河漳燕守常山之北秦攻韓魏則楚絕其後齊

出銳師以佐之趙涉河漳燕守雲中秦攻齊則楚絕其後韓守成皋魏塞午道趙涉河漳博關燕出銳師以佐之秦攻燕則趙守常山楚軍武關齊涉渤海韓魏出銳師以佐之秦攻趙則韓軍宜陽楚軍武關魏軍河外齊涉渤海燕出銳師以佐之諸侯有先背約者五國共伐之六國從親以擯秦秦必不敢出兵於函谷關以害山東矣如是則霸業成矣趙王曰寡人年少莅國之日淺未嘗得聞社稷之長計今上客有意存天下安諸侯寡人敬以

國從乃封蘇秦爲武安君飾車百乘黃金千鎰白璧百雙錦繡千純以約諸侯

張儀爲秦連橫說趙王

張儀爲秦連橫說趙王曰敝邑秦王使臣敢獻書於大王御史大王收率天下以儐秦秦兵不敢出函谷關十五年矣大王之威行於天下山東敝邑恐懼懾伏繕甲厲兵飾車騎習馳射力田積粟守四封之內愁居懾處不敢動搖唯大王有意督過之也今秦以大王之力西舉巴蜀幷漢中東收兩

周而西遷九鼎守白馬之津秦雖僻遠然而心忿悁含怒之日久矣今寡君有敝甲鈍兵軍於澠池願渡河踰漳據番吾迎戰邯鄲之下願以甲子之日合戰以正殷紂之事敬使臣先以聞於左右凡大王之所信以爲從者恃蘇秦之計秦熒惑諸侯以是爲非以非爲是欲反覆齊國而不能自令車裂於齊之市夫天下之不可一亦明矣今楚與秦爲昆弟之國而韓魏稱於東藩齊獻魚鹽之地此斷趙之右臂也夫斷右臂而求與人鬬失其黨而

孫居求欲無危豈可得哉今秦發三將軍一軍塞午道告齊使興師渡清河軍於邯鄲之東一軍軍於成皋敺韓魏而軍於河外一軍軍於澠池約曰四國爲一以攻趙破趙而四分其地是故不敢匿意隱情先以聞於左右臣竊爲大王計莫如與秦遇於澠池面相見而身相結也臣請案兵無攻願大王之定計趙王曰先王之時奉陽君相專權擅勢蔽晦先王獨制官事寡人宮居屬於師傅不得與國謀先王棄群臣寡人年少奉祠祭之日淺私

心固竊疑焉以爲一從不事秦非國之長利也乃且願變心易慮剖地謝前過以事秦方將約車趨行而適聞使者之明詔於是乃以車三百乘入朝澠池割河間以事秦

趙武靈王與肥義議胡服

武靈王平晝閒居肥義侍坐曰王慮世事之變權甲兵之用念簡襄之迹計胡狄之利乎王曰嗣立不忘先德君之道也錯質務明主之長臣之論也是以賢君靜而有道民便事之教動而有明古先

世之功爲人臣者窮有弟長辭讓之節通有補民益主之業此兩者君臣之分也今吾欲繼襄王之業啓胡翟之鄉而卒世不見也敵弱者用力少而功多可以無盡百姓之勞而享往古之勳夫有高世之功者必負遺俗之累有獨智之慮者必被庶人之恐今吾將胡服騎射以教百姓而世必議寡人矣肥義曰臣聞之疑事無功疑行無名今王即定負遺俗之慮殆毋顧天下之議矣夫論至德者不和於俗成大功者不謀於衆昔舜舞有苗而禹

袒入裸音羸國非以養欲而樂志也欲以論德而要功也愚者暗於成事智者見於未萌王其遂行之王曰寡人非疑胡服也吾恐天下笑之狂夫之樂智者哀焉愚者之笑賢者戚焉世有順我者則胡服之功未可知也雖敺世以笑我胡地中山我必有之王遂胡服使王孫緤音屑告公子成曰寡人胡服且將以朝亦欲叔之服之也家聽於親國聽於君古今之公行也子不反親臣不逆主先王之通誼也今寡人作教易服而叔不服吾恐天下議之

也夫制國有常而利民爲本從政有經而令行爲上故明德在於論賤行政在於信貴今胡服之意非以養欲而樂志也事有所出功有所止事成功立然後德可見矣今寡人恐叔逆從政之經以輔公叔之議且寡人聞之事利國者行無邪因貴戚者名不累故寡人願慕公叔之義以成胡服之功使緤謁之叔請服焉公子成再拜曰臣固聞王之胡服也不佞寢疾不能趨走是以不先進王今命之臣故敢竭其愚忠臣聞之中國者聰明睿智之

所居也萬物財貨之所聚也聖賢之所教也仁義之所施也詩書禮樂之所用也異敏技藝之所試也遠方之所觀赴也蠻夷之所義行也今王釋此而襲遠方之服變古之教易古之道逆人之心畔學者離中國臣願大王圖之使者報王王曰吾固聞叔之病也即之公叔成家自請之曰夫服者所以便用也禮者所以便事也是以聖人觀其鄉而順宜因其事而制禮所以利其民而厚其國也被髮文身錯臂左衽甌越之民也黒齒雕題鯷音地冠

秫音術縫大吳之國也禮服不同其便一也是以鄉異而用變事異而禮易是故聖人苟可以利其民不一其用果可以便其事不同其禮儒者一師而禮異中國同俗而教離又況山谷之便乎故去就之變智者不能一遠近之服賢聖不能同窮鄉多異曲學多辨不知而不疑異於已而不非者公於求善也今卿之所言者俗也吾之所言者所以制俗也今吾國東有河薄洛之水與齊中山同之而無舟檝之用自常山以至代上黨東有燕東胡之

境西有樓煩秦韓之邊而無騎射之備故寡人且聚舟檝之用求水居之民以守河薄洛之水變服騎射以備燕東胡樓煩秦韓之邊且昔者簡主不塞晉陽以及上黨而襄主兼戎取代以攘諸胡此愚智之所明也先時中山負齊之强兵侵掠吾地係累吾民引水圍鄗非社稷之神靈即鄗幾不守先王忿之其怨未能報也今騎射之服近可以備上黨之形遠可以報中山之怨而叔也順中國之俗以逆簡襄之意惡變服之名而忘國事之耻非

寡人所望於子公子成再拜稽首曰臣愚不達於
王之議敢道世俗之聞今欲繼簡襄之意以順先
王之志臣敢不聽令再拜乃賜胡服趙文進諫曰
農夫勞力而君子養焉政之經也愚者陳意而智
者論焉教之道也臣無隱忠君無蔽言國之祿也
臣雖愚願竭其忠王曰慮無變襮患無過罪子其
言乎趙文曰當世輔俗古之道也衣服有常禮之
制也循法無愆民之職也三者先聖之所以教今
君釋此而襲遠方之俗變古之教易古之道故臣

願王之圖之王曰卿言世俗之聞常民溺於習俗學者沈於所聞此兩者所以成官而順政也非所以觀遠而論始也且夫三代不同服而王五霸不同教而政智者作教而愚者制焉賢者議俗不肖者拘焉夫制於服之民不足與論心拘於俗之衆不足與致意故勢與俗化而禮與變俱聖人之道也承教而動循法無私民之職也知學之人能與聞遷達於禮之變能與時化故爲己者不待人制今者不法古子其釋之趙造諫曰隱忠不竭姦之

屬也以私誣國賊之類也犯姦者身死賊國者族宗有此兩者先王之明刑臣下之大罪也臣雖愚願盡其忠無遁其死王曰竭意不讓忠也上無蔽言明也忠不辟危明不距人子其言乎趙造曰臣聞之聖人不易民而教智者不變俗而動因民而教者不勞而成功據俗而動者慮徑而易見也今王易初不循俗胡服不顧世非所以教民而成禮也且服奇者志淫俗辟者亂民是以涖國者不襲奇辟之服中國不近蠻夷之行非所以教民而成

禮者也且循法無過修禮無邪臣願王之圖之王曰古今不同俗何古之法帝王不相襲何禮之循伏羲神農教而不誅黃帝堯舜誅而不怒及至三王觀時而制法因事而制禮法度制令各順其宜衣服器械各便其用故治世不一其道便國不必法古聖人之興也不相襲而王夏殷之衰也不易禮而滅然則反古未可非而循禮未足多也且服奇而志淫是鄒魯無奇行也俗辟而民易是吴越無俊民也是以聖人利身之謂服便事之謂教進

退之謂節衣服之謂制所以齊常民非所以論賢者也故聖與俗流賢與變俱諺曰以書爲御者不盡馬之情以古制今者不達事之變故循法之功不足以高世法古之學不足以制今子其勿反也

陳軫爲趙王合三晉而弱秦

謂趙王曰三晉合而秦弱三晉離而秦強此天下之所明也秦之有燕而伐趙有趙而伐燕有梁而伐趙有趙而伐梁有楚而伐韓有韓而伐楚此天下之所明見也然山東不能易其路兵弱也弱而

不能相一是何秦之智山東之愚也是臣所謂山東之憂也虎將即禽禽不知虎之即已也而相鬬兩罷而歸其死於虎故使禽知虎之即已決不相鬬矣今山東之主不知秦之即已也而尚相鬬兩敝而歸其國於秦智不如禽遠矣願王孰慮之也今事有可急者秦之欲伐韓梁東闚於周室甚惟寐忘之今南攻楚者惡三晉之大合也今攻楚休而復之已五年矣攘地千餘里今謂楚王苟來舉玉趾而見寡人必與楚爲兄弟之國必爲楚攻韓

梁反楚之故地楚王美秦之語怒韓梁之不救已必入於秦秦有謀故發使之趙以燕餌趙而離三晉今王美秦之言而欲攻燕攻燕食未飽而禍已及矣楚王入秦秦楚爲一東面而攻韓韓南無楚北無趙韓不待伐割挈馬兎而西走秦與韓爲上交秦禍安移於梁矣以秦之强有楚韓之用梁不待伐割挈馬兎而西走秦與梁爲上交秦禍案環中趙矣以强秦之有韓梁楚與燕之怒割必深矣國之舉此臣之所爲來臣故曰事有可急爲者及

楚王之未入也三晉相親相堅出銳師以戍韓梁西邊楚王聞之必不入秦秦必怒而循攻楚是秦禍不離楚也便於三晉若楚王入秦秦見三晉之大合而堅也必不出楚王即多割是秦禍不離楚也有利於三晉願王之熟計之也急趙王因起兵南伐山戎戍韓梁之西邊秦見三晉之堅也果不出楚王而多求地

左師觸讋說趙太后

趙太后新用事秦急攻之趙氏求救於齊齊曰必

以長安君爲質兵乃出太后不肯大臣强諫太后明謂左右有復言令長安君爲質者老婦必唾其面左師觸讋音折願見太后盛氣而揖之入而徐趨至而自謝曰老臣病足曾不能疾走不得見久矣竊自恕恐太后玉體之有所郄也故願望見太后曰老婦恃輦而行曰日食飲得無衰乎曰恃鬻耳曰老臣今者殊不欲食乃自强步日三四里少益嗜食和於身曰老婦不能太后之色少解左師公曰老臣賤息舒祺最少不肖而臣衰竊愛憐之願

令補黑衣之數以衞王宮沒死以聞太后曰敬諾年幾何矣對曰十五歲矣雖少願及未塡溝壑而託之太后曰丈夫亦愛憐其少子乎對曰甚於婦人太后曰婦人異甚對曰老臣竊以爲媼之愛燕后賢於長安君曰君過矣不若長安君之甚左師公曰父母之愛子則爲之計深遠媼之送燕后也持其踵爲之泣念悲其遠也亦哀之矣已行非弗思也祭祀必祝之祝曰必勿使反豈非計久長有子孫相繼爲王也哉太后曰然左師公曰今三世

以前至於趙之爲趙趙王之子孫侯者其繼有在者乎曰無有曰微獨趙諸侯有在者乎曰老婦不聞也比其近者禍及身遠者及其子孫豈人主之子侯則必不善哉位尊而無功奉厚而無勞而挾重器多也今媼尊長安之位而封以膏腴之地多予之重器而不及今令有功於國一旦山陵崩長安君何以自託於趙老臣以媼爲長安君計短也故以爲其愛不若燕后太后曰諾恣君之所使之於是爲長安君約車百乘質於齊齊兵乃出子義

聞之曰人主之子也骨肉之親也猶不能恃無功之尊無勞之奉以守金玉之重也而况人臣乎

趙虞卿與樓緩論割地

秦攻趙於長平大破之引兵而歸因使人索六城於趙而講趙計未定樓緩新從秦來趙王與樓緩計之曰與秦城何如不與何如樓緩辭讓曰此非臣之所能知也王曰雖然試言公之私樓緩曰王亦聞夫公甫文伯母乎公甫文伯官於魯病死婦人為之自殺於房中者二八其母聞之不肯哭也

相室曰焉有子死而不哭者乎其母曰孔子賢人也逐於魯是人不隨今死而婦人爲死者十六人若是者其於長者薄而於婦人厚故從母言之爲賢母也從婦言之必不免爲妬婦也故其言一也言者異則人心變矣今臣新從秦來而言勿與則非計也言與之則恐王以臣之爲秦也故不敢對使臣得爲王計之不如予之王曰諾虞卿聞之入見王王以樓緩言告之虞卿曰此飾說也王曰何謂也虞卿曰秦之攻趙也倦而歸乎王以其力尚

能進愛王而不攻乎王曰秦之攻我也不遺餘力矣必以倦而歸也虞卿曰秦以其力攻其所不能取倦而歸王又以其力之所不能攻而資之是助秦自攻也來年秦復攻王王無以救矣王以虞卿之言告樓緩樓緩曰虞卿能盡知秦力之所至乎誠不知秦力之所至此彈丸之地猶不予也令秦來年復攻王得無割其內而講乎王曰誠聽子割矣子能必來年秦之不復攻我乎樓緩對曰此非臣之所敢任也昔者三晉之交於秦相善也今秦

釋韓魏而獨攻王王之所以事秦者必不如韓魏也今臣爲足下解負親之攻啓關通幣齊交韓魏至來年而王獨不取於秦王之所以事秦者必在韓魏之後也此非臣之所敢任也王以樓緩之言告虞卿虞卿曰樓緩言不講來年秦復攻王得無更割其內而講今講樓緩又不能必秦之不復攻也雖割何益來年復攻又割其力之所不能取而講也此自盡之術也不如無講秦雖善攻不能取六城趙雖不能守亦不至失六城秦倦而歸兵必

罷我以六城收天下以攻罷秦是我失之於天下
而取償於秦也吾國尚利孰與坐而割地自弱以
强秦今樓緩曰秦善韓魏而攻趙者必王之事秦
不如韓魏也是使王歲以六城事秦也即坐而地
盡矣來年秦復求割地王將予之乎不予則是棄
前資而挑秦禍也與之則無地而給之語曰强者
善攻而弱者不能自守今坐而聽秦秦兵不敝而
多得地是强秦而弱趙也以益愈强之秦而割愈
弱之趙其計固不止矣且秦虎狼之國也無禮義

之心其求無已而王之地有盡以有盡之地給無
巳之求其勢必無趙矣故曰此飾說也王必勿與
王曰諾樓緩聞之入見於王王又以虞卿之言告
之樓緩曰不然虞卿得其一未知其二也夫秦趙
構難而天下皆說何也曰我將因強而乘弱今趙
兵困於秦天下之賀戰勝者則必在於秦矣故不
若亟割地求和以疑天下慰秦心不然天下將因
秦之怒乘趙之敝而瓜分之趙且亡何秦之圖王
以此斷之勿復計也虞卿聞之又入見王曰危矣

樓子之爲秦也夫趙兵困於秦又割地爲和是愈疑天下而何慰秦心哉不亦大示天下弱乎且臣曰勿予者非固勿予而已也秦索六城於王王以六城賂齊齊秦之深讎也得王六城幷力而西擊秦也齊之聽王不待辭之畢也是王失於齊而取償於秦一舉結三國之親而與秦易道也趙王曰善因發虞卿東見齊王與之謀秦虞卿未反秦之使者已在趙矣樓緩聞之逃去

趙以諒毅賀秦

秦攻魏取寧邑諸侯皆賀趙王使賀三反不得通趙王憂之謂左右曰以秦之彊得寧邑以制齊趙諸侯皆賀吾往賀而獨不得通此必加兵我爲之柰何左右曰使者三往不得通者必所使者非其人也曰諒毅者辯士也大王可試使之諒毅親受命而往至秦獻書秦王曰大王廣地寧邑諸侯皆賀敝邑寡君亦竊嘉之不敢寧居使下臣奉其幣物三至王廷而使不得通使若無罪願大王無絕其懽若使者有罪願得請之秦王使使者報曰吾

所使趙國者小大皆聽吾言則受書幣若不從吾言則使者歸矣諒毅對曰下臣之來固願承大國之意也豈敢有難大王若有以令之請奉而行之無所敢疑於是秦王乃見使者曰趙豹平原君數欺弄寡人趙能殺此二人則可若不能殺請令率諸侯受命邯鄲城下諒毅曰趙豹平原君親寡君之母弟也猶大王之有葉陽涇陽君也大王以孝治聞於天下衣服之便於體膳啗音旦之嗛現遣二音於口未嘗不分於葉陽涇陽君葉陽君涇陽君之車

馬衣服無非大王之服御者臣聞之有覆巢毀卵而鳳凰不翔刳胎焚夭而麒麟不至今使臣受大王之令以還報敝邑之君畏懼不敢不行無乃傷葉陽君涇陽君之心乎秦王曰諾勿使從政諒毅曰敝邑之君有母弟不能教誨以惡大國請黜之勿使與政事以稱大國秦王乃喜受幣而厚遇之

公子牟教應侯

平原君謂平陽君曰公子牟游於秦且東而辭應侯應侯曰公子將行矣獨無以教之乎曰且微君

之命命之也臣故且有効於君夫貴不與富期而富至富不與粱肉期而粱肉至粱肉不與驕奢期而驕奢至驕奢不與死亡期而死亡至累世以前坐此者多矣應侯曰公子所以教之者厚矣僕得聞此不忘於心願君之亦勿忘也平陽君曰敬諾

客說張相國

說張相國曰君安能少趙人而令趙人多君君安能憎趙人而令趙人愛君乎夫膠漆至粘也而不能合遠鴻毛至輕也而不能自舉夫飄於清風則

橫行四海故事有簡而功成者因也今趙萬乘之強國也前漳滏音釜右常山左河間北有代帶甲百萬嘗抑強秦四十餘年而秦不得所欲由是觀之趙之於天下也不輕今君易萬乘之強趙而慕思不可得之小梁臣竊爲君不取也君曰善自是之後衆人廣坐之中未嘗不言趙人之長者也未嘗不言趙俗之善者也

魏牟說爲天下

建信君貴於趙公子魏牟過趙趙王迎之顧反至

坐前有尺帛且令工人以爲冠工見客來也因避
趙王曰公子乃驅後車幸以臨寡人願聞所以爲
天下魏牟曰王能重王之國若此尺帛則王之國
大治矣趙王不說形於顏色曰先王不知寡人不
肖使奉社稷豈敢輕國若此魏牟曰王無怒請爲
王說之曰王有此尺帛何不令前郎中以爲冠王
曰郎中不知爲冠魏牟曰爲冠而敗之奚虧於王
之國而王必待工而後乃使之今爲天下之工或
非也社稷爲虛戾先王不血食而王不以予工乃

與幼艾且王之先帝駕犀首而驂馬服以與秦角逐秦當時避其鋒今王憧憧乃輦建信以與强秦角逐臣恐秦折王之觭音倚也

或爲齊獻書趙王

爲齊獻書趙王曰臣一見而能令王坐而天下致名實而臣竊怪王之不試見臣而窮臣也群臣必多以臣爲不能者故王重見臣也以臣爲不能者非他欲用王之兵成其私者也則交有所偏者也非然則智不足者也非然則欲以天下之重恐王

而取行於王者也臣以齊循事王王能亡燕能亡韓魏能攻秦能孤秦臣以齊致尊名於王天下孰敢不致尊名於王臣以齊致地於王天下孰敢不致地於王臣以齊爲王求名於燕及韓魏孰敢辭之臣之能也其前可見已齊先重王故天下盡重王王無齊天下必盡輕王也秦之强以無齊故重王燕韓魏自以無齊故重王今王無齊獨安能無重天下故勸王無齊者非智不足則不忠者也非然則欲用王之兵成其私者也非然則欲輕王以

天下之重取行於王者也非然則位尊而能卑者也願王之熟慮無齊之利害也

魏

魯君謂梁王 酒味色論

梁王魏嬰觴諸侯於范臺酒酣請魯君舉觴魯君興避席擇言曰昔者帝女令儀狄作酒而美進之禹禹飲而甘之遂疏儀狄絕旨酒曰後世必有以酒亡其國者齊桓公夜半不嗛音遣易牙乃煎熬燔炙和調五味而進之桓公食之而飽至旦不覺曰

後世必有以味亡其國者晉文公得南之威三日不聽朝遂推南之威而遠之曰後世必有以色亡其國者楚王登強臺而望崩山左江而右湖以臨彷徨其樂忘死遂盟強臺而弗登曰後世必有以高臺陂池亡其國者今主君之尊儀狄之酒也主君之味易牙之調也左白台而右閭須南威之美也前夾林而後蘭臺強臺之樂也有一於此足以亡其國今主君兼此四者可無戒與梁王稱善相屬

張儀爲秦連横說魏王

張儀爲秦連横說魏王曰魏地方不至千里卒不過三十萬人地四平諸侯四通條達輻凑無有名山大川之險從鄭至梁不過百里從陳至梁二百餘里馬馳人趨不待倦而至梁南與楚境西與韓境北與趙境東與齊境卒戍四方守亭障者參列粟糧漕庾不下十萬魏之地勢故戰場也魏南與楚而不與齊則齊攻其東東與齊而不與趙則趙攻其北不合於韓則韓攻其西不親於楚則楚攻

其南此所謂四分五裂之道也且夫諸侯之爲從者以安社稷尊主强兵顯名也合從者一天下約爲兄弟刑白馬以盟於洹水之上以相堅也夫親昆弟同父母尚有爭錢財而欲恃詐僞反覆蘇秦之餘謀其不可以成亦明矣大王不事秦秦下兵攻河外拔卷衍燕酸棗劫衛取晉陽則趙不南趙不南則魏不北魏不北則從道絶則大王之國欲求無危不可得也秦挾韓而攻魏韓劫於秦不敢不聽秦韓爲一國魏之亡可立而須也此臣之所

爲大王患也爲大王計莫如事秦事秦則楚韓必不敢動無楚韓之患則大王高枕而臥國必無憂矣且夫秦之所欲弱莫如楚而能弱楚者莫若魏楚雖有富大之名其實空虛其卒雖衆多然而輕走易北不敢堅戰悉魏之兵南面而伐勝楚必矣夫虧楚而益魏攻楚而適秦內嫁禍安國此善事也大王不聽臣秦甲出而東伐雖欲事秦而不可得也且夫從人多奮辭而寡可信說一諸侯之王出而乘其車約一國而成反而取封侯之基是故

天下之游士莫不日夜搤(音扼)腕瞋目切齒以言從之便以說人主人主覽其辭牽其說惡得無眩哉臣聞積羽沉舟群輕折軸衆口鑠金故願大王之孰計之也魏王曰寡人惷愚前計失之請稱東藩築帝宮受冠帶祠春秋效河外

蘇代說秦王召信安君于魏

秦召魏相信安君信安君不欲往蘇代爲說秦王曰臣聞之忠不必當當不必忠今臣願爲大王陳臣之愚意恐其不忠於下吏自使有要領之罪願

大王察之今大王令人執事於魏以完其交臣恐魏交之益疑也將以塞趙也臣又恐趙之益勁也夫魏王之愛習魏信也甚矣其智能而任用之也厚矣其畏惡嚴尊秦也明矣今王之使人入魏而不用則王之使人入魏無益也若用魏必舍所愛習而用所畏惡此魏王之所不安也夫舍萬乘之事而退此魏信之所難行也夫令人之君處所不安令人之相行所不能以此爲親則難久矣臣故恐魏交之益疑也且魏信舍事則趙之謀者必曰

舍於秦秦必令其所愛信者用趙是趙存而我亡
也趙安而我危也則上有野戰之氣下有堅守之
心臣故恐趙之益勁也大王欲完魏之交而使趙
小心乎不如用魏信而尊之以名魏信事王國安
而名尊離王國危而權輕然則魏信之事王也上
所以爲其主者忠矣下所以自爲者厚矣彼其事
王必完矣趙之用事者必曰魏氏之名族不高於
我土地之實不厚於我魏信以魏事秦秦甚善之
國得安焉身得尊焉今我構難於秦兵爲招質國

處削危之形非得計也結怨於外生患於中身處死亡之地非完事也彼將傷其前事而悔過其行冀其利必多割地以深下王則是大王垂拱多割地以爲利重堯舜之所求而不能得也臣願大王察之

孫臣說魏王勿割地于秦

華軍之戰魏不勝秦明年將使段干崇割地而講孫臣謂魏王曰魏不以敗之上割可謂善用不勝矣而秦不以勝之上割可謂不善用勝矣今處期

年乃欲割是群臣之私而王不知也且夫欲璽者段干子也王因使之割地欲地者秦也而王因使之授璽夫欲璽者制地而欲地者制璽其勢必無魏矣且夫奸人固皆欲以地事秦以地事秦譬猶抱薪而救火也薪不盡則火不止今王之地有盡而秦求之無窮是薪火之說也魏王曰善雖然吾已許秦矣不可以革也對曰王獨不見夫慱者之用梟耶欲食則食欲握則握今君劫於群臣而許秦因曰不可革何用智之不若梟也魏王曰善乃

按其行

朱已謂魏王史作無忌

魏將與秦攻韓朱已謂魏王曰秦與戎翟同俗有虎狼之心貪戾好利而無信不識禮義德行苟有利焉不顧親戚兄弟若禽獸耳此天下之所同知也非所施厚積德也故太后母也而以憂死穰侯舅也功莫大焉而竟逐之兩弟無罪而再奪之國此其爲親戚兄弟若此而又況於仇讎之敵國也今大王與秦伐韓而益近秦臣甚惑之而王弗識

也則不明矣群臣知之而莫以此諫則不忠矣今
夫韓氏以一女子承一弱主内有大亂外安能支
强秦魏之兵王以爲不破乎韓亡秦有鄭地與大
梁鄰王以爲安乎欲得故地而今負强秦之禍也
王以爲利乎秦非無事之國也韓亡之後必且便
事便事必就易與利就易與利必不伐楚與趙矣
是何也夫越山踰河絶韓之上黨而攻强趙則是
復閼音汗與之事也秦必不爲也若道河内倍鄴朝
歌絶漳滏之水而以與趙兵決勝於邯鄲之郊是

受智伯之禍也秦又不敢伐楚道涉山谷行三千里而攻危隘之塞所行者甚遠而所攻者甚難秦又弗爲也若道河外背大梁而右上蔡召陵以與楚兵決於陳郊秦又不敢也故曰秦必不伐楚與趙矣又不攻衛與齊矣韓亡之後兵出之日非魏無攻矣秦故有懷地邢丘之城垝音詭津而以臨河内河内之共汲莫不危矣秦有鄭地得垣雍決滎澤而水大梁大梁必亡矣王之使者大過矣乃惡安陵氏於秦秦之欲許之久矣然而秦之葉陽

昆陽與舞陽高陵鄰聽使者之惡也隨安陵氏而欲亡之秦繞舞陽之北以東臨許則南國必危矣南國雖無危則魏國豈得安哉且夫憎韓不受安陵氏可也夫不患秦之不愛南國非也異日者秦乃在河西晉國之去梁也千里有餘有河山以闌之有周韓而間之從橫軍以至于今秦十攻魏五入國中邊城盡拔文臺墮垂都焚林木伐麋鹿盡而國繼以圍又長驅梁北東至陶衞之郊北至乎闞所亡乎秦者山北河外河內大縣數百名都數

十秦乃在河西晋國之去大梁也尚千里而禍若是矣又況於使秦無韓而有鄭地無河山以闌之無周韓以間之去大梁百里禍必百此矣異日者從之不成也楚魏疑而韓不可得而約也今韓受兵三年矣秦撓之以講韓知亡猶弗聽投質於趙而請爲天下鴈行頓刃以臣之愚觀之則楚趙必與之攻矣此何也則皆知秦欲之無窮也非盡亡天下之兵而臣海內之民必不休矣是故臣願以從事乎王王速受楚趙之約而挾韓之質以存韓

爲務因求故地於韓韓必効之如此則士民不勞而故地得其功多於與秦共伐韓然而無與強秦鄰之禍夫存韓安魏而利天下此亦王之大時已通韓之上黨於共莫使道已通因而關之出入者賦之是魏重質韓以其上黨也共有其賦足以富國韓必德魏愛魏重魏畏魏韓必不敢反魏韓是魏之縣也魏得韓以爲縣則魏大梁河外必安矣今不存韓則二周必危安陵必易楚趙大破魏齊甚畏天下之西鄉而馳秦入朝爲臣之日不久

唐雎謂信陵君

信陵君殺晋鄙救邯鄲破秦人存趙國趙王自郊迎唐雎謂信陵君曰臣聞之曰事有不可知者有不可不知者有不可忘者有不可不忘者信陵君曰何謂也對曰人之憎我也不可不知也吾憎人也不可得而知也人之有德於我也不可忘也吾有德於人也不可不忘也今君殺晋鄙救邯鄲破秦人存趙國此大德也今趙王自郊迎卒然見趙王臣願君之忘之也信陵君曰無忌謹受教

韓

蘇秦爲趙合從説韓王

蘇秦爲趙合從説韓王曰韓北有鞏洛成皋之固西有宜陽常阪之塞東有宛穰洧水南有陘山地方千里帶甲數十萬天下之强弓勁弩皆自韓出谿子少府時力距來皆射六百步之外韓卒超足而射百發不暇止遠者達胸近者掩心韓卒之劍戟皆出於冥山棠谿墨陽合伯鄧師宛馮龍淵大阿皆陸斷馬牛水擊鵠鴈當敵即斬堅甲盾鞮音提

鍪(音謀)鐵幕革抉(音決)㕹(音支)芮(音銳)無不畢具以韓卒之勇被堅甲蹠勁弩帶利劍一人當百不足言也夫以韓之勁與大王之賢乃欲西面事秦稱東藩築帝宮受冠帶祠春秋交臂而服焉夫羞社稷而為天下笑無過此者矣是故願大王之孰計之也大王事秦秦必求宜陽成皋今茲效之明年又益求割地與之即無地以給之不與則棄前功而後更受其禍且夫大王之地有盡而秦之求無已夫以有盡之地而逆無已之求此所謂市怨而買禍者

也不戰而地已削矣臣聞鄙語曰寧爲鷄口無爲牛後今大王西面交臂而臣事秦何以異於牛後乎夫以大王之賢挾强韓之兵而有牛後之名臣竊爲大王羞之韓王忿然作色攘臂按劒仰天太息曰寡人雖死必不能事秦今主君以趙王之教詔之敬奉社稷以從

或謂公仲以韓合于秦

或謂公仲曰今有一舉而可以忠於主便於國利於身願公之行之也今天下散而事秦則韓最輕

矣今天下合而離秦則韓最弱矣合離之相續則韓最先危矣此君國長民之大患也今公以韓先合於秦天下隨之是韓以天下事秦秦之德韓也厚矣韓與天下朝秦而獨厚取德焉公行之計是其於主也至忠矣天下不合秦秦令而不聽秦必起兵以誅不服秦久與天下結怨構難而兵不決韓息士民以待其釁公行之計是其於國也大便也昔者周筱以西周善於秦而封於梗陽周啓以東周善於秦而封於平原今公以韓善秦韓之重

於兩周也無先討而秦之爭機也萬於周之時今公以韓爲天下先合於秦秦必以公爲諸侯以明示天下公行之討是其於身大利也願公之加務也

燕

郭隗說燕王求士以報齊

燕昭王收破燕後即位卑身厚幣以招賢者欲將報讎故往見郭隗先生曰齊因孤國之亂而襲破燕孤極知燕小力少不足以報然得賢士與共國

以雪先王之耻孫之願也敢問以國報讎者柰何郭隗先生對曰帝者與師處王者與友處覇者與臣處亡國與役處詘指而事之北面而受學則百巳者至先趨而後息先問而後嘿則什巳者至人趨則若巳者至馮几據杖眄視指使則厮役之人至若恣睢奮擊跔(音瞿)籍叱(音尺)咄(音出)則徒隷之人至矣此古服道致士之法也王誠慱選國中之賢者而躬其門下天下聞王朝其賢臣天下之士必趨於燕矣昭王曰寡人将誰朝而可郭隗先生曰臣

聞古之君人有以千金求千里馬者三年不能得涓人言於君曰請求之君遣之三月得千里馬馬已死買其首五百金反以報君君大怒曰所求者生馬安事死馬而捐五百金涓人對曰死馬且買之五百金況生馬乎天下必以王爲能市馬馬今至矣於是不能期年千里之馬至者三今王誠欲致士先從隗始隗且見事況賢於隗者乎豈遠千里哉於是昭王爲隗築宮而師之樂毅自魏往鄒衍自齊往劇辛自趙往士爭湊燕燕王弔死問生

與百姓同其甘苦二十八年國殷富士卒樂佚輕戰於是遂以樂毅爲上将軍與秦楚三晉合謀以伐齊齊兵敗閔王出走於外燕兵獨追北入至臨淄盡取齊寶燒其宫室宗廟齊城之不下者唯獨莒即墨

樂毅報燕惠王書

臣不佞不能奉承王命以順左右之心恐傷先王之明有害足下之義故遁逃走趙今足下使人數之以罪臣恐侍御者不察先王所以蓄幸臣之理

又不自白臣之所以事先王之心故敢以書對臣聞
賢聖之君不以祿私其親功多者賞之不以官隨其愛其能當者
處之故察能而授官者成功之君也論行而結交
者立名之士也臣竊觀先王之舉也見有高世主
之心故假節于魏以身得察于燕先王過舉廁之
賓客之中立之群臣之上不謀父兄以為亞卿臣
竊不自知自以為奉命承教可幸無罪故受命而
不辭先王命之曰我有積怨深怒于齊不量輕弱
而欲以齊為事臣曰夫齊霸國之餘業而最勝之

遺事也練於兵甲習於攻戰王欲伐之必與天下
圖之與天下圖之莫若結于趙且又淮北宋地楚
魏之所欲也趙若許而約四國攻之齊可大破也
先王以爲然具符節南使臣於趙顧反命起兵攻
齊以天之道先王之靈河北之地隨先王而舉之
濟上濟上之軍受命擊齊大敗齊人輕卒鋭兵長
驅至國齊王遁而走莒僅以身免珠玉財寶車甲
珍器盡收入于燕齊器設于寧臺大呂列于元英
故鼎反乎磨室薊丘之植植于汶篁自五霸以來

功未有及先王者也先王以爲慊於志故裂地而封之使得比小國諸侯臣竊不自知自以爲奉命承教可幸無罪是以受命不辭臣聞聖賢之君功立而不廢故著於春秋蚤知之士名成而不毀故稱之後世若先王之報怨雪耻夷萬乘之彊國收八百歲之蓄積及至棄群臣之日餘教未衰執政任事之臣修法令謹庶孽施及乎萌隸皆可以教後世臣聞之善作者不必善成善始者不必善終昔伍子胥說聽於闔閭而楚王遠迹至郢夫差弗

是也賜之鴟夷而浮之江吴王不寤先論之可以立功故沉子胥而不悔子胥不早見主之不同量是以至於入江而不化夫免身立功以明先王之迹臣之上計也離毀辱之誹謗墮先王之名臣之所大恐也臨不測之罪以幸爲利義之所不敢出也臣聞古之君子交絶不出惡聲忠臣去國不絜其名臣雖不佞數奉教於君子矣恐侍御者之親左右之說不察疏遠之行故敢獻書以聞唯君王之留意焉

宋

墨子謂公輸般

公輸般爲楚設機將以攻宋墨子聞之百舍重繭往見公輸般謂之曰吾自宋聞子吾欲藉子殺王公輸般曰吾義固不殺王墨子曰聞公爲雲梯將以攻宋宋何罪之有義不殺王而攻國是不殺少而殺衆敢問攻宋何義也公輸般服焉請見之王墨子見楚王曰今有人於此舍其文軒鄰有敝輿而欲竊之舍其錦繡鄰有短褐而欲竊之舍其粱

肉鄰有糟糠而欲竊之此爲何若人也王曰必爲有竊疾矣墨子曰荆之地方五千里宋方五百里此猶文軒之與敝輿也荆有雲夢犀兕麋鹿盈之江漢魚鼈黿鼉爲天下饒宋所謂無雉兔鮒魚者也此猶粱肉之與糟糠也荆有長松文梓楩柟預章宋無長木此猶錦繡之與裋褐也臣以王吏之攻宋爲與此同類也王曰善哉請無攻宋

衛

衛人迎新婦

衛人迎新婦婦上車問驂馬誰馬也御曰借之新婦謂僕曰拊驂無笞服車至門扶教送母曰滅竈將失火入室見臼曰徙之牖下妨往來者主人笑之此三言者皆至言也然而不免爲笑者蚤晚之時失也

滙古菁華卷九終